Klosterkirche Fürstenfeld

Birgitta Klemenz

Klosterkirche Fürstenfeld
Zwischen Zeit und Ewigkeit

mit einem Beitrag von Thomas Bachmair

Fotografien von Roman von Götz
und Wolf-Christian von der Mülbe †

SCHNELL † STEINER

Abbildung der vorderen Umschlagseite: Auszug vom Hochaltar mit der Himmelfahrt Marias
Abbildung der hinteren Umschlagseite: Engel zu Füßen des Apostels Simon
Vor- und Nachsatz: Detail aus einem Ornat von Abt Martin Dallmayr (1640–1690)

Bibliografische Information Der Deutschen Bibliothek

Die Deutsche Bibliothek verzeichnet diese Publikation in der
Deutschen Nationalbibliografie; detaillierte bibliografische Daten
sind im Internet über
<http://dnb.ddb.de> abrufbar.

1. Auflage 2004
© 2004 Verlag Schnell & Steiner GmbH, Leibnizstraße 13, 93055 Regensburg
Umschlaggestaltung: Astrid Moosburger
Gesamtherstellung: Erhardi Druck GmbH, Regensburg
ISBN 3-7954-1678-7

Alle Rechte vorbehalten. Ohne ausdrückliche Genehmigung des Verlags ist es
nicht gestattet, dieses Buch oder Teile daraus auf fototechnischem oder
elektronischem Weg zu vervielfältigen.

Weitere Informationen zum Verlagsprogramm erhalten Sie unter:
www.schnell-und-steiner.de

INHALT

Abtpräses Kassian Lauterer OCist
ZUM GELEIT 7

Birgitta Klemenz
ZUR GESCHICHTE DES ZISTERZIENSERKLOSTERS FÜRSTENFELD 9
    Gründung und Anfänge 9
    Das ausgehende Mittelalter 11
    Reformation und Gegenreformation 12
    Der Dreißigjährige Krieg 12
    Abt Martin Dallmayr (1640-1690) 13
    Der Baubeginn der barocken Klosteranlage 14
    Das 18. Jahrhundert 14
    Die Säkularisation 15
    Die Leitenberger-Zeit 15
    Die Klosterkirche als königliche Landhofkirche 16
    Die ehemaligen Konventgebäude 16
    Die Benediktiner in Fürstenfeld 17
    Von der Pfarrkuratie zur Nebenkirche 18
    Die Äbte des Klosters Fürstenfeld 20

Thomas Bachmair
ZUR SPIRITUALITÄT DER ZISTERZIENSER 21

Der Grundriss der Klosterkirche Fürstenfeld 25

Majestas Domini implevit domum –
Die Herrlichkeit des Herrn erfüllte das Haus
BILDTEIL mit Texten von Birgitta Klemenz 27
    Annäherung 28
    Eintreten 40
    Verweilen 48
    Verkündigung 56
        Das Heilsgeschehen 56
        Das Kreuz 70
        Maria 82
    Nachfolge 96
        Benedikt und Bernhard – Ordensregel und Spiritualität 96
        Das Sühnekloster – Fürstenfeld und die Wittelsbacher 112
        Der Weg des Glaubens 118
    Verheißung 134

Literaturauswahl, Abbildungsnachweis, Textnachweis 139

ZUM GELEIT

Zisterzienserbauten haben romanisch oder gotisch und in der Ausstattung möglichst karg und schmucklos zu sein, wie es die strengen Bestimmungen und Verbote aus der Frühzeit des Ordens im 12. Jahrhundert verlangen. Dies ist eine allgemein verbreitete Meinung, die auch in den neuesten aufwändigen Bildbänden über Zisterzienserarchitektur Bildauswahl und Text bestimmt. Dass dieser Orden auch eine spätere Entwicklung gekannt und jeweils im Stil seiner Zeit gebaut hat, wird kaum zur Kenntnis genommen. Zisterziensische Barockbauten werden mit wenigen Spalten und Bildern als Zerfallserscheinung abgetan. Tatsache ist, dass in den katholisch gebliebenen Ländern Mitteleuropas im 17. und 18. Jahrhundert die alten monastischen Orden einen deutlichen Aufschwung erlebten. Nach einem Niedergang im Spätmittelalter, nach den Stürmen der Reformation, der viele Klöster zum Opfer fielen, nach den Reformbemühungen des Konzils von Trient und dem Ende des Dreißigjährigen Krieges konnten sich die Klöster wirtschaftlich erholen, der Personalstand nahm zahlenmäßig deutlich zu, und unter dem Einfluss der neu entstandenen Kongregationen besannen sich die Zisterzienser und Zisterzienserinnen auf die alten Ideale und führten nach und nach eine ziemlich strenge Lebensweise ein. Ein Signal für diese Erneuerung war das Nationalkapitel, zu dem der Generalabt von Cîteaux, Edmund de la Croix, 1595 die Äbte von „Oberdeutschland" im Kloster Fürstenfeld versammelte. Die dort erlassenen „Fürstenfelder Statuten" dienten den reformwilligen Klöstern und Kongregationen als Muster. Da die Konvente im deutschsprachigen Bereich jetzt weniger aus Laienbrüdern, sondern oft aus zwanzig bis vierzig Priestermönchen bestanden, verlagerte sich ihre Tätigkeit mehr und mehr auf Seelsorge und Förderung der Volksfrömmigkeit, Bruderschaften und Wallfahrten. Die bislang für Laien geschlossenen Klosterkirchen wurden für das gläubige Volk geöffnet, mit Bildern, zahlreichen Altären, Reliquienschreinen und Orgeln ausgestattet. Der nüchterne einstimmige Choralgesang wurde an Sonn- und Feiertagen durch mehrstimmige Messen ersetzt, bei denen Sängerknaben, für die man Lateinschulen gründete, die Oberstimmen sangen. Da die mittelalterlichen Klöster oft unregelmäßig und eng gebaut waren, ersetzte man sie vielerorts durch großzügig geplante Barockbauten, bei denen vor allem der Gäste- und Abteibereich mit seinen Stiegenaufgängen, Fest- und Empfangssälen und den umgebenden Garten- und Parkanlagen schlossähnlichen Charakter annahm. Mit den Kirchen und Kreuzgängen gingen die meisten Zisterzienserabteien vorsichtiger um, indem sie die alte wertvolle Bausubstanz beibehielten und sich auf eine barocke Ausstattung und gelegentlich auf eine neue Fassadengestaltung beschränkten. Unter dem zeitlichen Vortritt von Fürstenfeld gingen in Bayern die Männerklöster Aldersbach, Fürstenzell, Pielenhofen und Waldsassen und die Frauenklöster Oberschönenfeld, Niederschönenfeld und Seligenthal einen radikaleren Weg und errichteten nach dem Abbruch der mittelalterlichen Gotteshäuser ganz neue Barockkirchen. Baufreudige Äbte und Äbtissinnen holten sich dafür bekannte und bewährte Baumeister, Stuckateure, Maler und Orgelbauer.

Der vorliegende Prachtband „Klosterkirche Fürstenfeld. Zwischen Zeit und Ewigkeit" von Birgitta Klemenz unterscheidet sich von den gängigen Kunstbüchern dadurch, dass in den die Bilder erläuternden Texten nicht nur die historischen Gegebenheiten und kunstgeschichtlichen Zuordnungen der einzelnen Bildwerke dargelegt werden. Vielmehr wird man beim Betrachten und Lesen in das gesamte christliche Heilsgeheimnis aus der Sicht zisterziensischer und bernhardinischer Theologie und Spiritualität eingeführt. Im Brennpunkt des Erlösungsgeschehens steht das spätgotische Bild des gekreuzigten Jesus Christus, das wie die seitlich sitzende Fürstenfelder Traubenmadonna aus der gotischen Abteikirche übernommen wurde. In einfühlsamen Betrachtungen und Zitaten aus dem reichen Schrifttum Bernhards und der frühen Zisterzienser wird das gesamte Bildprogramm, an dem Jahrzehnte lang gearbeitet wurde, auf diese Mitte, deren Gedächtnis in der Eucharistie gefeiert wird, hingeordnet. Leider ist nicht bekannt, wer dieses in sich stimmige Programm, das von namhaften Künstlern ausgeführt wurde, erstellt hat. Sicher war es ein Fürstenfelder Mönch oder ein Team von Mönchen, das in biblischer und sakramentaler Theologie, in der Kirchen- und Landesgeschichte, im geistlichen Erbe des Zisterzienserordens und in der allegorischen Emblematik mehr als gewöhnlich bewandert war.

Wer sich nicht damit zufrieden gibt, den monumentalen Gesamteindruck dieser zisterziensischen Barockkirche auf sich wirken zu lassen, wird für die theologisch gediegenen und geistlich bereichernden Darstellungen des gesamten Heiligtums und der einzelnen Bildwerke und Motive dankbar sein, weil ihm sonst vieles unverständlich bleibt. Die Tradition des Zisterzienserordens darf nicht auf die Anfänge im 12. Jahrhundert eingeschränkt werden. Sie ist kein erratischer Block, der unverändert an seinem Fundort stehen bleibt, sondern ein fließender Strom, der im Lauf der Geschichte Zeiten des An- und Abschwellens kannte, aber immer wieder seine Ufer befruchtet hat.

Dr. Kassian Lauterer OCist
Abt von Wettingen-Mehrerau
Abtpräses der Mehrerauer
Zisterzienserkongregation

ZUR GESCHICHTE DES KLOSTERS FÜRSTENFELD

GRÜNDUNG UND ANFÄNGE

Die Geschichte Fürstenfelds beginnt mit einer Bluttat. Mehr als ein halbes Jahrtausend später wird Gerard Führer, der letzte Abt des Klosters, diesen grausamen Auftakt in seiner Chronik lapidar in folgende Worte fassen: „Das Kloster Fürstenfeld in Oberbaiern, zwischen denen zwei Hauptstädten, München, und Augsburg, nahe am Mark Pruck, den der Amberfluß durchschneidet, gelegen, hat sein Entstehen der ermordeten Unschuld zu verdanken. So wie es Gott eigen ist, aus Bösen etwas Gutes zu ziehen, so hat eine übereilte Mordthatt die Stiftung dieses Klosters bewirket."

Der bayerische Herzog Ludwig II. (1229–1294) hatte am 18. Januar 1256 seine Gemahlin Maria von Brabant (ca. 1226–1256) auf den bloßen Verdacht ehelicher Untreue auf dem Mangoldstein bei Donauwörth hinrichten lassen.

Die Annalen der meisten süddeutschen Klöster berichten zwar von dieser Bluttat, doch meist ohne Kommentar und nähere Ausführung der mutmaßlichen Gründe. Jede Antwort auf die Frage nach dem tatsächlichen Grund für diese Tat bleibt damit bis heute Spekulation.

Die Nüchternheit der zeitgenössischen Quellen schuf dagegen Raum für die Idealisierung der toten Herzogin und eine breite Legendenbildung.

Ein Brief der Herzogin an ihren Gemahl soll, aufgrund der Verwendung von falschem Siegelwachs, vom Boten mit einem anderen Brief verwechselt worden sein, mit dem Maria einem Grafen, dem herzoglichen Oberstallmeister, eine harmlose Vertraulichkeit gewährte. Sie bot ihm das ‚Du' an. In einem Anfall von Eifersucht und Jähzorn soll Ludwig auf seinem Ritt vom Rhein nach Donauwörth drei Pferde zu Tode gehetzt haben. Seine Frau überließ er der Hinrichtung, ohne eine genauere Untersuchung der Hintergründe.

Neben der Herzogin sollen auch vier Jungfrauen vom Turm der Burg gestürzt worden sein, eine andere Version berichtet vom Tod des Boten und der Ermordung des Burgherrn, einer Kammerfrau und der Oberhofmeisterin.

Die genauen Umstände, die zum Tod der Herzogin führten, werden wohl nie geklärt werden können. Auf Herzog Ludwig, dem die Tat den Beinamen „der Strenge" einbrachte, scheint dieses Ereignis jedoch nicht ohne tiefere Nachwirkungen geblieben zu sein.

Nach einem vorübergehenden Aufenthalt in Augsburg wandte er sich an Papst Alexander IV. (1254–1261), um von diesem die Lossprechung von seiner Schuld zu erbitten. Der päpstliche Bußauftrag sah für ihn vor, entweder mit bewaffneter Begleitung zum Schutz des Heiligen Grabes nach Jerusalem zu ziehen oder ein Kartäuserkloster für zwölf Mönche zu stiften, die für ihn fromme Bußwerke verrichten sollten.

Ludwig entschied sich für die zweite Auflage, wählte jedoch statt der vorgesehenen Kartäuser Zisterziensermönche. Sein Einwand, keine Kartäuser bekommen zu können, ist nur mit Einschränkungen zu akzeptieren. Es gab zwar in Bayern keine Niederlassung dieses Ordens, von größerem Gewicht dürfte jedoch gewesen sein, dass die Kartäuser mit ihrer Eigenart, Einsiedlerleben und klösterliches Gemeinschaftsleben zu verbinden, dem herrschaftsbewussten Herzog nicht entsprachen.

Für den Anfang empfahl sich der Ausbau einer bereits bestehenden Gemeinschaft. Zisterzienser aus Aldersbach in Niederbayern hatten sich 1258 in Thal bei Aibling niedergelassen. Der erste urkundliche Beleg findet sich zum 21. Oktober 1258, als Ludwig seine Beamten, Ministerialen und Untertanen aufruft, die Neugründung „Saeldenthal" durch Schenkungen und Stiftungen zu unterstützen. Am 9. Februar 1259 erfolgte von Seiten des Herzogs mit der Übergabe der Kirche von Hollenbach im Landgericht Aichach mit dem Patronatsrecht und der Gerichtsbarkeit die erste Schenkung an das Kloster. Diese Schenkung bestätigte er am 8. Januar 1265 den Mönchen von Fürstenfeld. Damit erhält die Annahme eines Zusammenhangs zwischen Thal und Fürstenfeld erst ihre eigentliche Berechtigung. Eine Verlegung des Klosters muss demnach vorausgegangen sein, zumal die Bestätigungsurkunde des Diözesanbischofs Konrad II. von Freising vom 3. Dezember 1263 bereits von „Vorstenfeld", dem heutigen Fürstenfeld, spricht. Die große Entfernung zwischen Hollenbach und Thal kann damit wohl als Indiz für eine von Anfang an geplante Verlegung gelten.

Der Stiftungslegende nach war das Kloster von Thal zunächst 1262 nach Olching verlegt worden, wo am 15. August desselben Jahres in Anwesenheit der Äbte von Salem und Ebrach die Wahl des ersten Abtes stattfand. Sie fiel auf Anselm, den vormaligen Kellermeister des Mutterklosters Aldersbach. Da das Gut in Olching jedoch Lehensgut und nicht Allodialgut des Herzogs war, erfolgte eine neuerliche Verlegung amperaufwärts in die Nähe des Ortes Bruck. Das Kloster erhielt gleichzeitig einen neuen Namen: *campus principis* – Fürstenfeld. Der Name wurde Programm. Das oft angeführte Argument, die Gegend um Thal sei zu unwirtlich und deshalb für eine Klostergründung nicht geeignet gewesen, ist vor dem Hintergrund zisterziensischer Kultivierungsarbeit nicht einsichtig. Die Gründe für die Verlegung sind vielmehr beim Herzog zu suchen, als verkehrsgeographische, wirtschaftliche und politische Überlegungen im Zusammenhang mit seinem Herrschaftsanspruch, vor allem deshalb, weil der in der Folgezeit erworbene Klosterbesitz, in erster Linie der Niederkirchenbesitz, wesentlich auf das Bistum Augsburg ausgerichtet war. Das Ergebnis war eine Strahlungswirkung in den westlichen Grenzbereich wittelsbachischer Herrschaft hinein, der bis zu diesem Zeitpunkt – im Gegensatz zum Süden – noch ohne klösterliches Leben gewesen war.

Ein weiterer Grund für die zweimalige Verlegung findet sich im Zusammenhang mit der Nähe des Ortes Bruck. Zum einen lieferte er den zur damaligen Zeit bereits auch für die Zisterzienser wichtigen klösterlichen Absatzmarkt, andererseits waren die Brucker Besitzrechte Reichsrechte in der Hand der ortsansässigen Herren von Gegenpoint. Bis 1425 gelang es dem Kloster, alle grund- und gerichtsherrlichen Rechte im Markt Bruck durch Kauf oder Schenkung an sich zu bringen – alte Reichsrechte wurden damit zugunsten der landesherrlichen Gewalt erfolgreich verdrängt.

Erst 1266, nachdem die Stiftung durch Ortsbischof und Papst bestätigt worden war, stellte Herzog Ludwig das feierliche Gründungsprivileg aus, das u.a. die reiche Ausstattung des Klosters festsetzte. Der Mord an Maria von Brabant, der eigentliche Anlass der Gründung, wird in dieser Urkunde mit keinem Wort erwähnt.

Weitere Schenkungen und Rechtsgeschäfte, die in den nachfolgenden Jahren durch den Herzog beurkundet wurden, vergrößerten den Besitz auch in der unmittelbaren Nähe des Klosters. So wurde diesem auf Vermittlung Ludwigs 1271 durch Bischof Konrad II. von Freising die Kirche von Pfaffing, in deren Pfarrsprengel Fürstenfeld lag, inkorporiert. Zu Pfaffing gehörten die Filialen St. Magdalena in Bruck, St. Johannes in Geising (Schöngeising), Beata Virgo in Biburg und St. Veit in Zell (Zellhof).

Einen Tag vor seinem Tod verpflichtete Herzog Ludwig in seinem zweiten Testament vom 1. Februar 1294 seine Erben, dem Kloster Fürstenfeld Stiftungen aller Art zukommen zu lassen. Diesem Willen entsprachen sein Sohn Rudolf und seine Witwe Mechtild. Als Haus- und Grabkloster der Wittelsbacher stand Fürstenfeld nunmehr in der besonderen Gunst des bayerischen Herrscherhauses. Zum größten Freund und Förderer der Stiftung seines Vaters wurde jedoch der damals erst zwölfjährige Sohn Ludwig, der spätere Kaiser Ludwig der Bayer, der die väterliche Stiftung, die er als *monumentum paternae poenitentiae* (Denkmal väterlicher Bußgesinnung) bezeichnete, förmlich mit Privilegien und Schenkungen überschüttete. Nicht weniger als 49 entsprechende Urkunden wurden von ihm für Fürstenfeld ausgestellt, außerdem wurde dem Abt auf sein Betreiben vom Gegenpapst Nikolaus V. (1328–1330) der Titel *princeps ecclesiasticus* verliehen, um das Kloster so aus der Reihe der übrigen bayerischen Klöster herauszuheben.

Diese besondere Verbundenheit Ludwigs IV. mit Fürstenfeld ist über die Beziehung durch den Vater hinaus auch durch einen persönlichen Aspekt begründet, verdankte er den Fürstenfelder Zisterziensern doch zumindest indirekt den Sieg im Streit mit Friedrich dem Schönen (1289–1330) um die Königskrone. Die Mönche hatten Kuriere von Friedrichs Bruder Leopold († 1326) abgefangen und damit die geplante Vereinigung der beiden habsburgischen Heere verhindert, so dass die Schlacht bei Mühldorf 1322 zugunsten Ludwigs entschieden werden konnte. Außerdem stand Fürstenfeld in den Jahren der Auseinandersetzung mit dem Papsttum in Avignon zusammen mit den anderen bayerischen Zisterzienserklöstern auf der Seite des Kaisers. Die Kontroverse mit dem Generalkapitel in Cîteaux nahm man in Kauf, denn Ludwig war nicht nur der Kaiser, sondern als Herzog vor allem auch der verehrte Landesherr.

Nachdem er am 11. Oktober 1347 in der Nähe des Klosters bei Puch auf der Bärenjagd an einem Schlaganfall gestorben war, ohne vom päpstlichen Bann gelöst zu sein, wurde sein Leichnam in der Münchener Pfarrkirche Zu Unserer Lieben Frau, das Herz – der Tradition des Klosters nach – jedoch in Fürstenfeld beigesetzt.

DAS AUSGEHENDE MITTELALTER

Der politischen Stellung Fürstenfelds entsprach in der Folgezeit auch die wirtschaftliche, soziale und kulturelle Bedeutung des Klosters. Durch die Bemühungen der Herzogsfamilie wurde es zu einem der wohlhabendsten Klöster Bayerns. 1441 erhielt Abt Andreas (1432–1451) die Pontifikalien, die Äbte Ulrich (1457–1467) und Jodok (1467–1480) wurden vom Generalkapitel des Ordens in Cîteaux mit besonderen Reformvollmachten für die Klöster in Bayern und Österreich ausgestattet.

In diese Zeit fällt auch der Ausbau der Sonderstellung der Wallfahrtskapelle St. Leonhard zu

Inchenhofen, die bereits 1259 mit der Kirche von Hollenbach als Schenkung Ludwigs II. des Strengen in den Besitz des Klosters übergegangen war. 1328 wurde die Kapelle als solche dem Kloster durch den Gegenpapst Nikolaus V. inkorporiert, 1482 und 1486 durch die jeweiligen Päpste bestätigt – Zeichen für die Bemühungen, St. Leonhard eine selbstständige Stellung gegenüber der Pfarrkirche in Hollenbach zu erwirken. Von 1289 bis 1427 wurden ihr immer wieder Ablässe verliehen. Die Wallfahrt dürfte also in dieser Zeit bereits eine gewisse Bedeutung erlangt haben. Diesem Sonderstatus trug auch das Generalkapitel der Zisterzienser Rechnung, indem es die Kirche 1488 dem unmittelbaren Schutz des Ordens unterstellte. Inchenhofen entwickelte sich zu einer blühenden Wallfahrt, die mit einem eigens für die seelsorgliche Betreuung eingerichteten Superiorat bis 1803 von Fürstenfelder Mönchen betreut wurde.

REFORMATION UND GEGENREFORMATION

Für Fürstenfeld sind die 150 Jahre von 1500 bis 1650 vor allem durch die relativ kurzen Amtszeiten der jeweiligen Äbte geprägt. Bis zur Wahl Martin Dallmayrs 1640 schied außerdem ein Teil vorzeitig durch Rücktritt oder Absetzung aus. Die disziplinären und wirtschaftlichen Verhältnisse waren zunehmend zerrüttet, eine Entwicklung, die jedoch bereits vor der Glaubensspaltung und ihren Auswirkungen auf Bayern eingesetzt hatte und deshalb nicht nur auf diese zurückzuführen ist. Eine Stabilisierung setzte 1552 mit der Bestellung des Kaisheimer Mönches Leonhard Paumann zum Administrator *in spiritualibus* ein. Für die wirtschaftlichen Belange wurde ihm auf Geheiß Herzog Albrechts V. (1550–1579) der Rosenheimer Landrichter Stephan Dorfpeck zur Seite gestellt. Die Wahl Leonhards zum Abt drei Jahre später ging ebenfalls wesentlich auf die Initiative des Herzogs zurück. Das Kloster hatte die Krise überwunden, doch weniger aus eigener Kraft als vielmehr durch das gezielte Eingreifen des Landesherrn.

Als nach außen sichtbares Zeichen der erfolgreichen Konsolidierung kann das Provinzkapitel der Zisterzienser von 1595 gelten, zu dem in Fürstenfeld die Äbte der oberdeutschen Zisterzienserklöster unter dem Vorsitz des Ordensoberen Edmund de la Croix von Cîteaux zusammengekommen waren. Vor dem Hintergrund der zur Erneuerung des Ordenswesens durch das Konzil von Trient erarbeiteten Beschlüsse, die zur Überwachung der einzelnen Klöster vor allem die Bildung von Kongregationen vorsahen, waren 1580 in Polen Reformstatuten erlassen worden. 1593 hatte eine in Salem tagende Äbtekonferenz der ober- und niederdeutschen Zisterzienserklöster diese Bemühungen auf deutschem Boden aufgenommen. Die zwei Jahre später in Fürstenfeld tagende Versammlung, die diesem Kloster zum ersten Mal auch eine Rolle im Gesamtorden zuwies, verabschiedete dann ein unter der Bezeichnung „Fürstenfelder Reformstatuten" in die Ordensgeschichte eingegangenes Reformwerk, das jedoch im Wesentlichen auf der polnischen Vorlage von 1580 beruhte.

DER DREISSIGJÄHRIGE KRIEG

Die nächste Bewährungsprobe kam für Fürstenfeld im Verlauf des Dreißigjährigen Krieges. Zuerst waren es „nur" die indirekten Belastungen durch Kriegssteuern und Darlehen von den Ständen, doch in den Jahren 1631/33 und 1645/48, als Bayern dann eigentlicher Kriegsschauplatz wurde, kam es zu Einquartierungen, Requisitionen und Lösegeldforderungen, zu Plünderung und Brandschatzung. Auch Fürstenfeld sollte davon nicht verschont bleiben.

Von der Offensive der Schweden gegen Franken, Schwaben und das Herzogtum Bayern im Frühjahr 1632 war das Gebiet zwischen Lech, Isar und Donau und damit auch das Kloster Fürstenfeld am härtesten betroffen. Am 17. Mai dieses Jahres, dem Tag der kampflosen Übergabe Münchens an König Gustav Adolf von Schweden, plünderten seine Truppen das Kloster und den Markt Bruck. Die Fürstengräber in der Klosterkirche wurden aufgebrochen und durchwühlt. Bruck hatte eine große Anzahl von Toten zu beklagen, darunter den damaligen Pfarrvikar, P. Sigmund Barth. Ein Teil des Konvents floh in das Pfleghaus nach München, wo der damalige Abt Leonhard am 28. Juli starb. Erst am 10. September 1633 wählte der inzwischen nach Aldersbach weitergeflüchtete Konvent einen neuen Abt: Georg Echter. Er sollte erst Ende 1633 nach Fürstenfeld zurückkehren.

Hier war es unterdessen zu weiteren Überfällen und Plünderungen gekommen – durch Feind und Freund. Die wenigen im Kloster verbliebenen Mönche verfügten über keinerlei Einnahmen mehr. Die Abgaben der Grunduntertanen blieben aus, da im Dachauer und Aichacher Land viele Höfe abgebrannt waren. Zudem fielen den Schweden am 9. Dezember 1633 sieben Religiosen in die Hände, darunter der spätere Abt Martin Dallmayr. Sie wurden nach Augsburg gebracht, wo sich schon seit Juni 1632 unter den 42 von der Stadt München gestellten Geiseln zwei ihrer Mitbrüder befanden. Sie sollten erst 1634 bzw. 1635 nach Fürstenfeld zurückkehren.

Für die letzte Phase des Krieges ist die Überlieferung spärlich. Ein im französischen Hauptquartier ausgestellter Schutzbrief vom September 1648 sollte schließlich auch für Fürstenfeld das Ende dieses langen Krieges bringen.

ABT MARTIN DALLMAYR (1640–1690)

Martin Dallmayr, der als *alter fundator*, als zweiter Gründer des Klosters Fürstenfeld bezeichnet wird, hatte bei seiner Wahl zum Abt ein zwar wirtschaftlich geschwächtes, aber in seinen Strukturen keineswegs zerstörtes Kloster vorgefunden. Der gewaltige Aufschwung in der zweiten Hälfte des 17. Jahrhunderts wäre nicht möglich gewesen, wenn wichtige klösterliche Lebensbereiche wie etwa die Grundherrschaft entscheidend geschädigt worden wären. Doch davon abgesehen ist dieser Aufschwung ein entscheidendes Verdienst dieses Abtes, der im Laufe seiner 50jährigen Regierungszeit die Voraussetzungen für das folgende Jahrhundert schuf: ein spirituell und wirtschaftlich blühendes Kloster. So hatte sich die Zahl der Mönche mit 49 mehr als verdoppelt; das Kloster Waldsassen in der Oberpfalz war 1661/69 unter erheblichen finanziellen Aufwendungen von Fürstenfeld aus wiederbesiedelt worden; die Seelsorge an den Fürstenfeld inkorporierten Kirchen war auf vielerlei Weise gefördert und belebt worden, in Bruck z.B. durch die Gründung einer Rosenkranzbruderschaft (1642) und den Bau einer neuen Kirche (1673–1675). Die Klosterkirche selbst hatte Dallmayr zu Beginn der sechziger Jahre umbauen lassen und sie mit einem auf Kosten des Mönchschores vergrößerten Volksbereich zu einem Gotteshaus für alle und zu einem neuen Mittelpunkt der Seelsorge gemacht. Die Erwerbung der Reliquie des römischen Katakombenmärtyrers Hyacinthus 1672 und ihre Erhebung auf den nun in der Mitte der Kirche aufgerichteten Hochaltar sollte diesen neuen Schwerpunkt unterstreichen helfen, der die geistige Voraussetzung für den barocken Neubau schuf. Teile dieses spätgotischen Altars sind noch erhalten: die so genannte Traubenmadonna, ihre beiden Assistenzfiguren Benedikt und Bernhard und zwei Tafelbilder von der Werktagsseite (entstanden 1470–1480). Dallmayrs Bedeutung auch außerhalb seines Klosters spiegelt sich 1683 in der Ernennung zum Generalvikar und Visitator der bayerischen Provinz durch das Generalkapitel des Ordens wider, drei Jahre später wurde er in diesem Amt bestätigt.

DER BAUBEGINN
DER BAROCKEN KLOSTERANLAGE

Nach Dallmayrs Tod 1690 konnte sein Nachfolger Balduin Helm, zuvor Pfarrvikar von Bruck, mit den unter seinem Vorgänger erwirtschafteten finanziellen Rücklagen zunächst mit dem Neubau der Klostergebäude beginnen. 1691 wurde im Beisein des Münchener Hofbaumeisters Giovanni Antonio Viscardi, der mit der Ausarbeitung der Pläne beauftragt worden war, der Grundstein gelegt. Kurfürst Max Emanuel wünschte einen bayerischen Escorial: Kloster und Schloss. Der Baubeginn der Kirche folgte im Jahre 1700 – nahezu das gesamte 18. Jahrhundert sollte von ihrer Errichtung und Ausstattung geprägt sein. Abt Balduin musste 1705 – während des Spanischen Erbfolgekrieges – von seinem Amt zurücktreten. Dem treuen Anhänger des Hauses Wittelsbach folgte in österreichischer Besatzungszeit Casimir Kramer, ein gebürtiger Egerer, der aus dem habsburgischen Einflussbereich stammte. Er ließ den Kirchenbau einstellen und zum Zeichen seiner Abneigung gegen den bayerischen Landesherrn die Fürstenzimmer im Kloster als Getreidelager zweckentfremden.

DAS 18. JAHRHUNDERT

Fürstenfeld gehörte damals zu den größten und wohlhabendsten Klöstern in Bayern.
Abt Balduin Helm hatte Besitz und Einkünfte trotz des Neubaus und der Kosten des Krieges sogar noch vergrößern können, im Laufe der Besatzungszeit schmolzen die finanziellen Reserven jedoch immer mehr zusammen, so dass Abt Casimir das Kloster erstmals verschulden musste.
Der wirtschaftliche Abwärtstrend setzte sich unter dem nächsten Abt Liebhard Kellerer (1714–1734) fort. Dieser nahm 1716 den Kirchenbau wieder auf, 1723 war der Rohbau vollendet.
Obwohl das Langhaus 1727 einstürzte, waren bei Kellerers Tod Wiederaufbau, Stuckierung und Freskierung abgeschlossen. Trotz immer geringerer Rücklagen trieben die folgenden Äbte, Konstantin Haut (1734–1744), in dessen Regierungszeit 1741 die Weihe stattfand, und Alexander Pellhamer (1745–1761), die Ausstattung der Kirche weiter voran, daran konnten auch die Belastungen des Österreichischen Erbfolgekrieges und der immer größer werdende Schuldenberg nichts ändern.
Vollendet wurde sie unter Abt Martin Hazi (1761–1779), dem aufgrund seines aufwändigen Lebensstils, seiner Jagdleidenschaft und der schlechten Wirtschaftsführung 1778 schließlich die weltliche Verwaltung entzogen wurde. Auch seinem Nachfolger, Tezelin Katzmair, gelang es nicht, die finanzielle Situation des Klosters dauerhaft zu verbessern, weder als Vorsitzendem des Sanierungsausschusses noch als Abt nach dem Tod Hazis. Er hatte gegen Ende seiner Regierung ebenfalls einen Verwalter zu akzeptieren, Gerard Führer, der ab 1796 als letzter Abt die Aufhebung seines Klosters erleben musste.

DIE SÄKULARISATION

Die Aufhebung des Klosters Fürstenfeld vollzog sich wie bei allen anderen landständischen Klöstern in zwei Etappen. Im November 1802 begann die Inventarisierung des gesamten Besitzes, am 18. März 1803 – nach Inkrafttreten des Reichsdeputationshauptschlusses, der die reichsgesetzliche Grundlage für die Aufhebung der landständischen Klöster und Stifte lieferte – „ist uns das politische Todesurtheile gesprochen worden: Herr Commissär hat das Aufhebungsdecret publicieret" – so Abt Führer in seiner Chronik. Damit begann der große Ausverkauf. Die Mönche erhielten je nach Alter und Stand Pensionen, einige von ihnen gingen in die weltliche Seelsorge, z.B. nach Bruck, Jesenwang oder Inchenhofen. Der überwiegende Teil konnte im Kloster wohnen bleiben, vor allem aufgrund der Großzügigkeit des neuen Besitzers Ignaz Leitenberger, eines böhmischen Tuchfabrikanten. Er hatte nach der Übernahme des mobilen Besitzes durch den Staat bzw. dessen Versteigerung und dem Verkauf des Streubesitzes den Kernbestand, nämlich das Klosterareal und die beiden Meierhöfe in Puch und Roggenstein, übernommen – für 120.659 Gulden, eine beträchtliche Summe. Laut Führer war Fürstenfeld damit „das einzige Kloster in Baiern, welches um so hohen Preis ist angebracht worden". Ein großer Teil der Bibliothek und das Archiv des Klosters wanderten nach München, die Bestände finden sich heute in der Handschriftenabteilung der Bayerischen Staatsbibliothek und im Bayerischen Hauptstaatsarchiv bzw. Staatsarchiv.

Führer schreibt abschließend in seiner Chronik: „Fürstenfeld ist zu allen Zeiten ein Bußort, auch für Auswärtige: Eine leuchtend- und erwärmende Lampe religiöser Tugenden, zur Ehre Gottes, und Seelennutze der nahen, und entfernten Ortschaften, eine rühmliche Schule der Wissenschaften, und fleißige Sammlerin der inneren, als äußeren Begebenheiten gewesen."

Es „diente der Religion, und dem Staat 544 Jahre. (...) Nun ist's ausgelöschet worden dieses Licht der Religion! Zertrümmert der Sparhafen für Fürsten, und Staat! Man hat einmal Alles genohmen, um am Ende Nichts zu haben. (...) Erst itzt sind die Klöster manus mortuae <tote Hände> geworden. Sie können nicht's mehr dem Staate leisten, und selbst die Individuen derselben, aus ihrer klösterlichen Observanz, und Einsamkeit herausgerissen, haben die Muße, und Hilfsmittel nicht mehr, dem Vaterlande nutzliche Dienste zu leisten. Sie werden also – wenigst viele – erst itzt todte Köpfe, manchmal auch faulende Körper, zur Verpestung anderer, werden. Am meisten ist das gute Volk zu bedauern, denn durch Auflößung der Klöster, und Zerstreuung der Religiosen, Sperrung, Zerstörung ihrer Kirchen, verliehret dieses sehr viele von denen Hilfsquellen ihres ewigen Heils."

DIE LEITENBERGER-ZEIT

Der Fabrikant Ignaz Leitenberger hatte 1803 nicht nur die Klostergebäude, sondern auch die Kirche erworben. Im Rahmen seiner im Kloster geplanten Fabrik beabsichtigte er, sie als eine Art Betriebskirche zu nutzen, damit durch den Gottesdienstbesuch seinen zukünftigen Arbeitern nicht zu viel kostbare Zeit verloren ginge, wenn sie sich dazu nach Bruck oder anderswohin begeben müssten. Einem eventuellen Abbruch erteilte er eine klare Absage. Nachdem jedoch die Pläne zur Errichtung einer Fabrik gescheitert waren, versuchte Leitenberger in den kommenden Jahren erfolglos, sich der von ihm übernommenen Unterhaltspflichten für die für ihn nun nutzlos gewordene Kirche zu entledigen, zumal diese durch König Max I. Joseph am 13. August 1816 „zur erhabenen Erinnerung an Unsere Ahnen und zu fortwährenden Gottesdiensten für Unser Allerdurchlauchtigstes Haus (...) zu einer Landhofkirche" ernannt worden war, die dem Obersthofmeisterstab unterstellt wurde. Nach der Missernte des Jahres 1816 entschloss er sich deshalb, die Gunst der Stunde zu nutzen und auch die ehemaligen Klostergebäude abzustoßen. Denn auch hier zeichnete sich eine neue Nutzung ab. Dazu erhielt Ende des Jahres der Brucker Posthalter Louis Philipp Weiß vom bayerischen Feldmarschall Fürst Wrede den Auftrag, nach Prag zu reisen, um mit Leitenberger in Rückkaufverhandlungen zu treten, da Wrede in Fürstenfeld eine Invalidenanstalt und ein Militärgestüt einrichten wollte. Leitenberger stimmte gegen einen Verkaufspreis von 240.000 Gulden zu, nahezu den doppelten Betrag, den er selber 1803 hatte aufwenden müssen. Am 8. Januar 1817 wurde der Vertrag unterzeichnet.

DIE KLOSTERKIRCHE ALS KÖNIGLICHE LANDHOFKIRCHE

Nach der Erhebung zur Landhofkirche 1816 wurde die seelsorgliche Betreuung einem Hofkaplan übertragen, der für den bei Puch verstorbenen Kaiser Ludwig den Bayern und das Haus Wittelsbach täglich eine Heilige Messe zu lesen, an Festtagen feierliche Hochämter abzuhalten und die Aufsicht über die Kirche zu führen hatte. Der frühere Fürstenfelder Pater Korbinian Vogt wurde als erster mit dieser Aufgabe betraut. Nach seinem Tod 1837 folgten ihm Karl Adam Röckl, Anton Zimmermann (1840), Karl Riedl (1845), Jakob Türk (1860), August Hirz (1864), Alois Niggl (1885), Ignaz Schmid (1895) und zuletzt der gebürtige Brucker August Aumiller (1908), in dessen Amtszeit im August 1916 in Anwesenheit König Ludwigs III. und seiner Gemahlin das 100jährige Jubiläum der Erhebung zur Landhofkirche begangen wurde. Aumiller, der 1918 mit dem Ende der Monarchie in den Haushalt des Kultusministeriums übernommen worden war, wurde 1924 in den Ruhestand versetzt, Seelsorge und Kirchenaufsicht den Ettaler Benediktinern übertragen, die ein Jahr zuvor das Ökonomiegut Fürstenfeld, das sich seit dem Ende des Ersten Weltkriegs im Besitz des Wittelsbacher Ausgleichsfonds befand, gepachtet hatten.

In den rund hundert Jahren als Hofkirche wurden u.a. Baureparaturen an Pfeilersockeln und Säulen durchgeführt und sämtliche durch Feuchtigkeit beschädigte Altarbilder restauriert. Die Sandsteinmadonna erhielt 1912 eine neue Fassung, nachdem man sie kurz zuvor mit bunter Ölfarbe behandelt hatte. Auch der Kreuzaltar war immer wieder Gegenstand des Interesses. Er befand sich seit der Säkularisation in der ersten rechten Seitenkapelle vor dem Fenster. 1908 kehrte er, allerdings ohne das ihn überragende Kreuz, an die ursprüngliche Stelle auf den Stufen zum Chor zurück. August Aumiller erwarb als Abschluss ein Osterlamm, das er mit einem Strahlenkranz ausstatten ließ, da für ein neues Kreuz kein Geld vorhanden war, das alte aber den Blick auf den Hochaltar verstellt hätte. Das Kreuz wurde erst 1978 wieder aufgestellt.

DIE EHEMALIGEN KONVENTGEBÄUDE

In den früheren Konventgebäuden war in der Zwischenzeit die von Fürst Wrede initiierte Militärinvalidenanstalt eingerichtet und am 28. Mai 1818 in Gegenwart der königlichen Familie feierlich eröffnet worden. Zehn Jahre später, am

1. April 1828, dem zweiten Ostertag, fand im ehemaligen Kapitelsaal des Klosters der erste protestantische Gottesdienst statt, zu dem alle Protestanten im Landgerichtsbezirk eingeladen waren. Regelmäßige Gottesdienste sollte es jedoch erst ab 1847/48 geben. Bis zum Bau einer eigenen Kirche im Jahr 1927 blieb der Betsaal im Kloster Versammlungsort für die stetig anwachsende protestantische Gemeinde. In diese Zeit fällt im Zusammenhang mit der Wiedererrichtung von Benediktinerklöstern durch König Ludwig I. auch die Überlegung, das Kloster Fürstenfeld auf diese Weise wiederzubeleben. Da vor allem jedoch die Frage nach dem Unterhalt des Konvents nicht geklärt werden konnte, ließ sich das Vorhaben nicht verwirklichen. 1868 wurden die in Bruck untergebrachten ledigen und verwitweten Veteranen zusammen mit ihren verheirateten Kollegen aus der Invalidenanstalt Donauwörth nach Benediktbeuern verlegt. Zwei Jahre zuvor war der Trakt südlich der Kirche, der als Krankenhaus diente, bei einem Brand, der von der Malzdärre ausgehend nahezu den gesamten Brauerei- und Pfistereibereich zerstörte, in Mitleidenschaft gezogen worden. Die folgenden fünf Jahre wurden die Gebäude durch das königliche Landwehr-Bezirks-Kommando von Bruck genutzt, dazu kamen seit 1848 vorübergehend verschiedene Infanterie- und Kavallerieabteilungen. 1870/71 dienten sie auch als Kriegsspital. 1873 wurde hier eine ständige Garnison eines Infanterie-Bataillons stationiert, die 1893 durch eine Unteroffiziersschule abgelöst wurde. In diese Zeit fällt 1886 auch die Überwölbung des Amperkanals, der durch die beiden Innenhöfe des ehemaligen Konventbereichs führte. Seine ursprüngliche Funktion u.a. als Abwasserkanal hatte er schon viel früher verloren. Der turmartige Anbau auf der Mittelachse des östlichen Klostertrakts, der als Abtritt genutzt wurde, erscheint auf einer Ansicht der Klosteranlage von Johann Poppel aus dem Jahr 1840 bereits teilweise abgetragen. Auch der Turm des Schlössl genannten Gebäudeteils gegenüber der Kirchenfassade verschwand in dieser Zeit. Nach der Auflösung der Unteroffiziersschule wurde Fürstenfeld 1921 für kurze Zeit Landesschülerheim für ein Kadettenkorps, und 1924 hielt die bayerische Polizei ihren Einzug: von 1925 bis 1933 mit einer Gendarmerie- und Polizeischule und bis 1935 mit einer Polizeihauptschule. Nach Auflösung der Landespolizei durch die Nationalsozialisten folgte bis 1942 eine Polizeioffiziers- und Schutzpolizeischule und bis zum Kriegsende eine Offiziersschule der Ordnungspolizei. Nach einer kurzen Zeit als Lazarett war Fürstenfeld von 1946 bis 1952 Landpolizeischule und von 1953 bis 1975 Bayerische Polizeischule; letztere wurde ab September 1975 zum Fachbereich Polizei der Bayerischen Beamtenfachhochschule.

DIE BENEDIKTINER IN FÜRSTENFELD

Der Ökonomietrakt und die landwirtschaftlichen Betriebe in Puch und Roggenstein waren 1918 in den Besitz des Wittelsbacher Ausgleichsfonds übergegangen. Von diesem pachtete 1923 das Benediktinerkloster Ettal das Ökonomiegut Fürstenfeld – zunächst für 14 Jahre und dann für weitere zehn, die noch einige Male jeweils um ein Jahr verlängert wurden. Der Grund für diesen Schritt liegt in der schlechten landwirtschaftlichen Versorgungsbasis Ettals, die durch einen entsprechenden Betrieb im Flachland ergänzt werden sollte, um Anfang der zwanziger Jahre die Ernährung von rund 400 Menschen (Kloster und Internat) zu gewährleisten. Zur Übernahme des Gutes zogen ein Pater als Superior, ein Pater als Administrator und neun Brüder nach Fürstenfeld. Sie richteten sich in der ehemaligen Administratorwohnung (im Anschluss an den früheren Kuhstall) ein. Ein Jahr später wurde dem damaligen Superior P. Gallus Lamberty auch die Klosterkirche anvertraut, die er und seine Nachfolger fortan zusammen mit einem Mesnerbruder betreuten.

Nach der Auflösung des Pachtvertrages 1951 verließen die Ettaler Mönche Fürstenfeld. Das Gut wurde wieder durch den Wittelsbacher Ausgleichsfond bewirtschaftet, bis dieser es dann 1978 an die Stadt Fürstenfeldbruck verkaufte, die die Gebäude grundlegend sanierte und 2001 ein Kultur- und Freizeitzentrum eröffnete.

Wenngleich sich die wirtschaftlichen Erwartungen für die Ettaler Benediktiner nicht zuletzt aufgrund der großen räumlichen Entfernung nie ganz erfüllt hatten, waren sie doch mit der Seelsorge an der Klosterkirche mehr und mehr verwachsen. Mit P. Emmanuel Haiß hatten in den vierziger Jahren von Fürstenfeld vor dem Hintergrund der liturgischen Bewegung dieser Zeit wichtige seelsorgliche Impulse auszugehen begonnen. Der so genannte Volksliturgische Kreis, der aus einer in den dreißiger Jahren gegründeten Singgemeinschaft hervorgegangen war, spielte dabei unter seiner Leitung eine wichtige Rolle. Noch lange vor dem Zweiten Vatikanischen Konzil wurden in der Gestaltung der Gottesdienste die Gläubigen auf besondere Weise in die Feier der Liturgie mit einbezogen. Neben eigens hergestellten Heftchen mit den gleichbleibenden Texten der Liturgie gab es für jeden Sonn- und Festtag des Kirchenjahres eines mit den jeweiligen Eigentexten. Es enthielt in deutscher Sprache alle Teile der Heiligen Messe, auch die Gebete des Priesters wie z.B. die Präfation. Auf diese Weise konnte die gottesdienstliche Feier von allen mitverfolgt und mitvollzogen werden. Dem Volksliturgischen Kreis kam dabei die Aufgabe eines Bindeglieds zwischen Priester und Gemeinde zu, u.a. im Dienst des Lektors. Daneben widmete er sich vor allem der Pflege des Gregorianischen Chorals und den mehrstimmigen A-capella-Messen Alter Meister. Gerade in dieser besonderen und zukunftsweisenden Liturgiebezogenheit war Fürstenfeld auch damals, über die Grenzen der unmittelbaren Umgebung hinaus, eine Art geistliches Zentrum. Der Volksliturgische Kreis blieb auch nach dem Weggang der Ettaler Benediktiner bestehen und gestaltete unter der Leitung von Hans Lindemann das gottesdienstliche Leben bis Ende der sechziger Jahre, als die Klosterkirche aufgrund der anstehenden Innenrenovierung geschlossen wurde und in die Betreuung durch die Pfarrgemeinde St. Magdalena überging. Ein letzter großer Höhepunkt seines Wirkens war die Feier des 700-jährigen Gründungsjubiläums des Klosters im Jahre 1963. In Rom wurde damals mit der Erneuerung der Liturgie vor dem Hintergrund des Zweiten Vatikanums für die Weltkirche verbindlich festgeschrieben, was an Orten wie Fürstenfeld seinen Anfang genommen hatte.

VON DER PFARRKURATIE ZUR NEBENKIRCHE

Mit der Errichtung der Pfarrkuratie Mariä Himmelfahrt am 1. Mai 1953 trug man der Notwendigkeit einer zweiten Pfarrei für die nach dem Zweiten Weltkrieg anwachsende Bevölkerung von Fürstenfeldbruck Rechnung. Erster Kurat wurde Wilhelm Bayerl. Im Mai 1958 wurde für den Westen der Stadt die Filialkirchenstiftung St. Bernhard errichtet und mit einem Kirchenneubau begonnen, da die ehemalige Klosterkirche zu weit vom Siedlungsbereich der Gemeinde entfernt lag und deshalb als Pfarrkirche nicht geeignet erschien. Im Patrozinium der neuen Kirche, die am 23. August 1964 geweiht wurde, lebt die Beziehung zu Fürstenfeld und den

Zisterziensern jedoch weiter. Der Nachfolger Bayerls als Kurat, Johann Kögl, wurde erster Pfarrer der neuen Pfarrei St. Bernhard, die am 1. Juni 1965 förmlich errichtet wurde. Gleichzeitig wurde die ehemalige Klosterkirche Fürstenfeld im Rang einer Nebenkirche an die Pfarrei St. Magdalena zurückgegeben, die sie seitdem seelsorglich betreut. In den ersten Jahren geschah dies noch durch eigene Seelsorger. 1972 wurde zwischen der Pfarrei und dem bayerischen Staat als Eigentümer der Kirche ein Nutzungsvertrag geschlossen.

Zu diesem Zeitpunkt war die umfangreiche bauliche Sicherung der Kirche bereits abgeschlossen, die Restaurierung des Innenraumes stand bevor. Von 1965 bis 1968 war das auf Eichenpfählen gegründete Langhaus schrittweise neu gegründet und durch eine Stahlbeton-Flachgründung verstärkt worden. Im Anschluss daran wurden der Fußbodenbelag des Langhauses und die Sockelverkleidungen erneuert sowie an den Fassaden der Tarnanstrich der Kriegszeit entfernt und durch einen Anstrich in den Farben der Entstehungszeit – Benediktbeurer Grün, Ocker und gebrochenes Weiß – ersetzt. Im Zuge der Innenrestaurierung wurden Raumschale und Ausstattung der Kirche gereinigt und original wieder hergestellt. Eine der umfangreichen Maßnahmen war dabei die Instandsetzung der Fuxorgel, einer der größten Barockorgeln Bayerns. 1978 schließlich wurde die Klosterkirche feierlich durch Joseph Kardinal Ratzinger wiedereröffnet.

Birgitta Klemenz

DIE ÄBTE DES KLOSTERS FÜRSTENFELD

Anselm	1262–1270	Caspar Harder	1513–1522
Albert	1270–1274	Georg I. Menhard	1522–1531
Eberhard	1274–1278	Administration	1531–1538
Hermann de Monaco	1278–1284	Johannes V. Pistorius	1538–1547
Volkmar	1284–1314	Michael III. Kain	1547–1552
Heinrich de Monaco	1314–1324	Leonhard II. Paumann	1555–1565
Wernher	1324–1344	Leonhard III. Treutwein	1566–1595
Johannes I. Vischhauser	1344–1362	Johannes VI. Puel	1595–1610
Chunradus	1362–1387	Sebastian Thoma	1610–1623
Otto	1387–1403	Leonhard IV. Lechner	1623–1632
Johannes II. Mindl	1403–1413	Georg Echter	1633–1640
Johannes III. Fux	1413–1432	Martin Dallmayr	1640–1690
Andreas	1432–1451	Balduin Helm	1690–1705
Paulus Herzmann	1451–1454	Casimir Kramer	1705–1714
Michael I. Pistorius	1454–1457	Liebhard Kellerer	1714–1734
Ulrich	1457–1467	Konstantin Haut	1734–1744
Jodok	1467–1480	Alexander Pellhamer	1745–1761
Leonhard I. Eggendorfer	1480–1496	Martin Hazi	1761–1779
Michael II.	1496–1502	Tezelin Katzmair	1779–1796
Petrus	1502–1505	Gerard Führer	1796–1803
Johannes IV. Scharb	1505–1513		

ZUR SPIRITUALITÄT DER ZISTERZIENSER

Zur Entstehung des „Monasterium Fuerstenfeldense" scheint beachtenswert: Nicht die Mönche suchten einen Ort für ein neues Kloster, sondern der Wittelsbacher Landesfürst, Herzog Ludwig der Strenge, suchte Mönche zur Sühne und Buße für seinen Jähzorn, der zur Bluttat an seiner Gemahlin Maria von Brabant geführt hatte. Hier liegt das Motiv für die Entstehung des Klosters Fürstenfeld. Ludwigs Sohn, Kaiser Ludwig der Bayer, nannte es ehrfurchtsvoll *monumentum paternae poenitentiae* – Denkmal väterlicher Bußgesinnung. Der Stiftung seines Vaters war er zeitlebens wohlwollend verbunden.

Die Zisterziensermönche blieben diesem Auftrag durch alle Jahrhunderte verpflichtet. Auch in der Ausgestaltung der barocken Kirche ist dies sichtbar.

Das Bild der heutigen Barockkirche und der ehemaligen Klostergebäude verdankt sich im Wesentlichen dem Einfluss des Herrscherhauses Wittelsbach und weniger dem benediktinischen Reformorden der Zisterzienser, die eigentlich einen wesentlich schlichteren Stil bevorzugten. Trotzdem bleibt die Thematik der Ausstattung der zisterziensisch-geistlichen Verkündigung verpflichtet, insbesondere dem hl. Bernhard von Clairvaux (1090–1153). Er ist 1113 mit dreißig jungen Leuten, Verwandten und Freunden, in Cîteaux, das Mutterkloster des Ordens, eingetreten. Bald darauf wurde er Abt der Neugründung Clairvaux. Sein Jahrhundert und die nachfolgenden Generationen hat er maßgeblich beeinflusst. Sein monastisch-geistliches Leben strahlte aus, regte an, Gleiches zu tun, sein öffentliches Wirken im kirchlichen und weltlichen Bereich ist ohne Beispiel.

Die Fürstenfelder Kirche hat eine geistliche Verkündigung – auch heute noch. Sie wird verständlich vom Anlass der Gründung her – Buße und Sühne – und von der zisterziensisch geprägten Spiritualität.

Der **Kirchenraum** beginnt bereits außen, auf dem Vorplatz – gleich einem Pilgerweg mit einzelnen Stationen. Oben bekrönen drei Figuren die Fassade: Christus in der Mitte, Benedikt und Bernhard links und rechts von ihm. Der Vorplatz mit seiner weiten Fläche endet in dem von Säulen flankierten Bereich vor den Portalen, gleichsam eine nach außen erweiterte Vorhalle, in die der Besucher durch die Portale eintritt. Das grelle Tageslicht ist zurückgenommen, man wird eingestimmt und eingeladen, in den hohen und lichten Raum der Kirche einzutreten und den Weg nach vorne zu beschreiten.

Es möchte ein Pilgerweg der Erlösung sein. In den Deckengemälden im Mittelbereich ist dieser Weg illustriert mit Ereignissen aus dem Leben Christi – von der Verkündigung an Maria über der Orgel bis zur Geistsendung über dem Kreuzaltar. Ereignisse aus dem Leben des hl. Bernhard sind jeweils dazu gesetzt, um deutlich zu machen, dass Erlösung durch Jesus Christus um des Menschen willen geschieht.

Ziel der ersten Wegstrecke ist das große Kreuz am Kreuzaltar, das so eindrucksvoll dem Raum die Mitte gibt. Dazu gehört die Verbindung mit dem Fresko darüber: Bernhard verehrt den Gekreuzigten, der sich vom Kreuz löst und dem Verehrer beide Arme entgegenstreckt. Schräg darüber steht Maria mit dem Kind und blickt auf das Geschehen in der Mitte. Das ist Kreuzes-Mystik, Betrachtung des Leidens Christi, wofür Bernhard steht. Damit zeigt sich die Wende in der Frömmigkeit seiner Zeit: Christus wird mehr als der Leidende mit der Dornenkrone gesehen und nicht mehr so sehr als der Gottkönig mit der Herrscherkrone. Aus dem Typus des triumphierenden Königs wird der gepeinigte, sterbende Mensch am Kreuz.

Der Weg in der Fürstenfelder Kirche führt weiter – am Ereignis des Kreuzes vorbei hinein in den Chor- und Gebetsraum der Mönche, der eine noch stärkere Ausrichtung auf die Christusnachfolge der Zisterziensermönche und auf die Sühnestiftung dieser Kirche hat.
Besondere Schwerpunkte und Hinweise auf die Zweckbestimmung sind die 13 Medaillons am Gewölberand auf beiden Seiten. Sie geben die Möglichkeit bzw. die Verpflichtung, wie konkret ein zu diesem Zweck errichtetes Monasterium für die hier lebenden Mönche aussieht: Geistliches Leben – Sühne/Buße – Chorgebet – Feier der Liturgie – praktischer Alltag; z.B.:

vota reddendo –
eingegangene Gelübde erfüllen
praedicando –
Verkündigung des Gotteswortes
devote psallendo –
andächtiges Chorgebet und weitere geistliche Übungen im monastischen Leben

Die großen Gemälde der vier abendländischen Kirchenväter an den Wänden zeigen Buß- und Sühnevollzüge aus deren Leben:

Ambrosius († 397) verwehrt Kaiser Theodosius von Byzanz den Besuch des Gottesdienstes wegen begangener Gewalttaten an Unschuldigen.

Augustinus († 430) muss sich von einem Kind sagen lassen, dass der dreifaltige Gott größer ist als sein Begreifen-Können (Abkehr von geistigem Hochmut).

Hieronymus († 420), der Kardinal und Bibelgelehrte, wird als Büßer in Bethlehem, dem Ort der Geburt Jesu, dargestellt.

Gregor der Große († 604) ist mit einer Bußprozession durch Rom zur Pestzeit unterwegs.

Die letzte Station und das Ziel des menschlichen Pilgerweges ist der Hochaltar mit der Aufnahme der Gottesmutter in den Himmel. Dieses Ziel steht jedem Pilger vor Augen, der durch die Not dieses Lebens in der Kraft Christi, des Gekreuzigten, in Gottes Herrlichkeit eingehen darf: Am Hochaltar ganz von oben beugt sich Christus herab und empfängt mit offenen Armen die Erlösten – als erste seine Mutter, die auch „Mutter der Kirche" genannt wird.

Bernhard von Clairvaux ist die zentrale Gestalt im Zisterzienserorden und demzufolge auch im Programm der Fürstenfelder Kirche. Er ist ein Kind seiner Zeit. Die geschichtliche Entwicklung der europäischen Christenheit von der Spätantike zur neuen Geistigkeit des Mittelalters, die bis in die Neuzeit reicht, hat er wie kaum ein anderer in sich aufgenommen und mit seinen Talenten Kirche und Gesellschaft seiner Zeit in erstaunlichem Maß geprägt.

„Die Jahre zwischen 1050 und 1150 markieren den geschichtlich bedeutendsten Umbruch vor der Aufklärung... Insofern bildet die Epoche Bernhards eine europäische Achsenzeit, Wasserscheide zwischen Archaik und Moderne." (Peter Dinzelbacher, Bernhard von Clairvaux und der Beginn der Moderne, Innsbruck 1996, S. 46)

Das zeigt sich besonders deutlich im geistlichen Bereich, in der Frömmigkeit, der Kontemplation, im gesamten spirituellen Verhalten bis hin zur Mystik. Das menschliche Antlitz Gottes in Jesus Christus wird sichtbar erfahren. Das zeigt sich in der Andacht zum Leben und Leiden Jesu auf Erden von der Geburt bis zum Kreuzestod. Es wird neu erfahren und empfunden.

„Mich betrifft es, für mich geschieht es, mir wird es vorgelegt, ich soll es nachahmen ..." – so Bernhard in einer Betrachtung zur Geburt Jesu. Die geistesgeschichtliche Entwicklung ging in diesem Jahrhundert, das auch die Lebensjahre Bernhards umgreift, vom Kollektiv ungezählter Menschen in der Kirche hin zum Subjekt des Einzelnen, zur seelischen und subjektiven Erfahrung jedes gläubigen Christen. Es entwickelt sich die Mystik personaler Glaubenserfahrung.

Hier hinein gehört die **Kreuzesfrömmigkeit** Bernhards, deren bekanntester Ausdruck die Amplexus-Darstellung ist: Der Gekreuzigte neigt sich mit vom Kreuz gelösten und ausgebreiteten Armen dem vor ihm Knienden zu, um ihn zu umarmen. Diese Darstellung fehlt in keinem zisterziensischen Umfeld. Auch in der Fürstenfelder Kirche ist sie zweimal zu sehen: an einem Seitenaltar auf der Südseite im Gemälde von Ignaz Baldauf und zentral im Deckenfresko von Cosmas Damian Asam direkt über dem Kreuzaltar. Auch wenn diese Darstellung zum legendären Bereich gezählt wird, hat sie doch einen historischen Kern, der durch die Wende in der Frömmigkeit (Spiritualität) am Beginn des zweiten Jahrtausends europäisch-christlicher Geschichte unübersehbar ist. Eine neue Entwicklung wird eingeleitet. Sie befruchtet die folgenden Jahrhunderte, von den Darstellungen des Leidens und Sterbens in der Kunst des späten Mittelalters bis zur Barockzeit.

Die **Marienfrömmigkeit** Bernhards tritt zwar hinter die Christus- und Kreuzesmystik zurück, denn Bernhard sieht die Verehrung der Gottesmutter immer „im Zusammenhang mit dem Kosmos der gesamten Glaubenslehre, mit dem Drama der Erlösung, der Christologie, der Lehre von der Kirche, der Gemeinschaft der Heiligen und der Gnade. Seine Mariologie ist so ausgeglichen, dass sie auch jeder bibelfeste Protestant annehmen kann." (Gerhard Winkler OCist, Bernhard von Clairvaux, Regensburg 2000, S. 23)

Dennoch sind alle Zisterzienserkirchen der Gottesmutter geweiht, und auch die Fürstenfelder Klosterkirche trägt ihren Namen: Mariä Himmelfahrt. In der Ausstattung ist der Lobpreis auf die Mutter des Herrn nicht zu übersehen – von der Orgel bis zum Hochaltar. Und auch in Kunstwerken aus der Zeit der ersten Klosteranlage und ihrer gotischen Kirche ist sie gegenwärtig: in der Sandsteinmadonna im Eingangsbereich der heutigen Kirche und in der Traubenmadonna, die nach der letzten Renovierung wieder in der Kirche aufgestellt wurde, um sie der Betrachtung des Besuchers nicht vorzuenthalten.

In der Vorgängerkirche, die beim Bau der barocken Kirche abgebrochen wurde, hatte sie ihren Platz auf dem Hochaltar: Maria mit der großen Krone auf dem Haupt und einem Zepter in der Hand sitzt in einem weit ausladenden Umhang mit üppigem Faltenwurf auf einem Thron, das Jesuskind in ähnlicher Gewandung auf ihrem Schoß. In der rechten Hand, das Zepter fast nach rückwärts drängend, hält Maria eine rote Weintraube, voll und üppig reif. Das Kind ist gerade dabei, nach der Traube zu greifen, sie in seine kleine Hand zu nehmen.

Damit ist das eigentliche Thema dieser Figurengruppe berührt, das umso verbindlicher und deutlicher wird, wenn man bedenkt, dass der

Hochaltar der früheren Zisterzienserabteikirche in Fürstenfeld diese Darstellung all denen immer wieder vor Augen gestellt hat, die sich zum Gottesdienst, zum Stundengebet und zur Messfeier hier versammelt haben: den Zisterziensern. Die Traubenmadonna war das Mittelstück des Hochaltars. Damit ist ein Motiv aus der spätgotischen Zeit zum Thema der Kirche gemacht, das schon den hl. Bernhard von Clairvaux und seine Zeit bewegt hat – die Verbindung von Marienfrömmigkeit und Leidensmystik, wie sie ja auch in der barocken Klosterkirche Fürstenfeld zum Ausdruck kommt:

Die rote Traube, ausgepresst, bringt roten Traubensaft hervor – ein Bild für das Blut, das Leiden, das auf das Kind zukommen wird. Dass dieses Kind auch noch danach greift – spielerisch oder in eigenartiger Vorahnung wissend, was das Traubenblut bedeutet – führt schon tief hinein in das Geheimnis der Menschwerdung des Gottessohnes. Maria ist an diesem Geheimnis wesentlich beteiligt.

An diesem Mysterium entzündet sich eine lange und tiefe Spiritualität, die seit der ersten Jahrtausendwende nicht mehr so sehr den hoheitlich wiederkommenden Herrn und Weltenrichter vor Augen und im Herzen hatte, sondern seine menschliche Gestalt, sein Geborenwerden als Sohn der Jungfrau Maria, sein Leiden und sein Kreuz. Der hl. Bernhard steht in besonderer Weise für diese Frömmigkeit, die nicht zuletzt durch die gelebte Marienverehrung der Zisterzienser und Zisterzienserinnen in die Tiefen der Mystik führt.

Christus als der Keltertreter ist ein weit verbreitetes Motiv dieser Frömmigkeit seit der Jahrtausendwende. Er wurde in spätgotischer Zeit selber mit der gekelterten Traube verglichen. Von Albertus Magnus (1200–1280) stammt vermutlich der Vergleich: „Als Traube wurde Christus gepresst – er ließ es zu, dass man ihn kelterte ..."

Birgitta von Schweden (1303–1373) hat es hundert Jahre später so ausgedrückt: „Herr Jesus Christus, du (für uns) ausgedrückte Weintraube, du hast die Kelter und Weinpresse am Heiligen Kreuz allein getreten ..."

Doch die Verehrung dieses Bildmotivs geht noch viel weiter zurück, auch in Verbindung mit der Marienfrömmigkeit. Im Jahr 740 hat Johannes Damascenus am Fest Mariä Himmelfahrt, das zur Zeit der Traubenreife gefeiert wird, so gesprochen:

„Wir preisen Maria heute mit heiligen Gesängen. Von ihr haben wir die Traube des Lebens empfangen. Ihr Sohn gab uns das wahre Pascha-Mahl, opferte sich als reines Lamm und wurde als des wahren Weinstocks Traube in die Kelter gepresst ..."

Marienfrömmigkeit und Kreuzesverehrung – hier schließt sich der Kreis. Die Traubenmadonna von Fürstenfeld als Hochaltarfigur der gotischen Kirche bringt zum Ausdruck, was bei der Feier der heiligen Messe immer wieder verwirklicht wird: Sie verkündet das Heil bringende Leiden und Sterben des Herrn.

In der Barockkirche steht im Osten der lichtdurchflutete Hochaltar „Mariä Himmelfahrt" und im Westen auf der oberen Empore die Marien-Orgel von Johann Fux mit einem mächtigen Prospekt in Form eines „M" als Zeichen für Mariä Namen. Die Abendsonne gibt diesem Werk einen besonderen, schwebenden Glanz. Am Vorabend von Mariä Himmelfahrt 1736 spielte diese Orgel zum ersten Mal.

Kein Zweifel – von Ost bis West wird in dieser Kirche das Marienlob gesungen – Mariä Himmelfahrt in Fürstenfeld.

Msgr. Thomas Bachmair

DER GRUNDRISS
DER KLOSTERKIRCHE FÜRSTENFELD

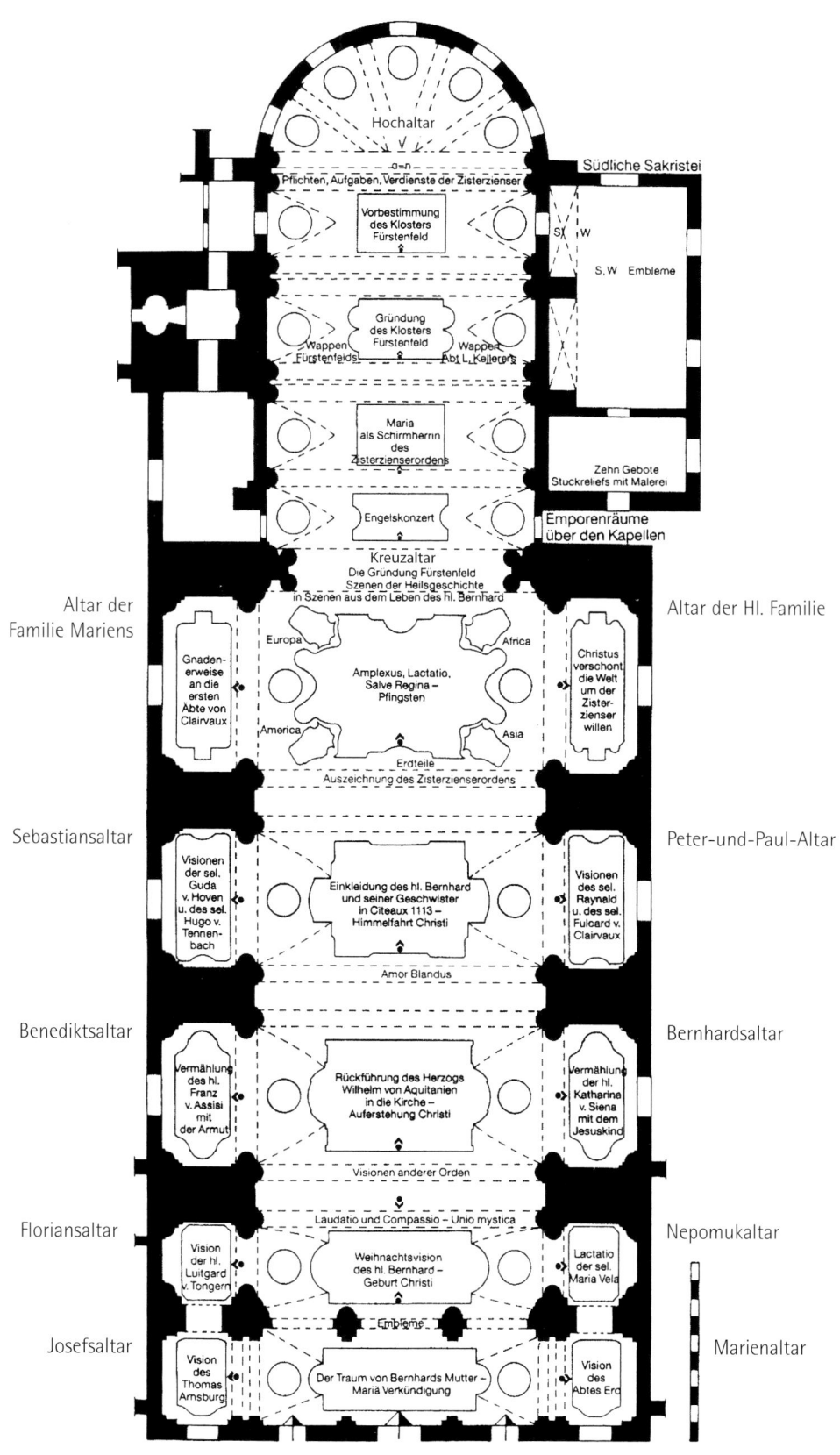

Majestas Domini implevit domum –
Die Herrlichkeit des Herrn erfüllte das Haus

ANNÄHERUNG

Fürstenfeld liegt am nördlichen Fuß des Engelsberges. Die so benannte Anhöhe ist Teil eines lang gestreckten Höhenrückens, der sich vom westlich gelegenen Schöngeising bis Eichenau hinzieht und mit der im Norden bis Puch reichenden Terrasse die Tallage Fürstenfeldbrucks bewirkt. Wer sich der Stadt über die großen Bundesstraßen nähert, wird deshalb erst bei genauerem Hinsehen erkennen, dass der im Süden aufragende Kirchturm von großer Höhe sein muss, wenn er noch aus der Talsohle heraus alle anderen Gebäude überragt.

Die gewaltige Klosteranlage erschließt sich dem Betrachter erst aus der unmittelbaren Nähe. Aus der Ferne hält sie sich bedeckt. Viele fahren deshalb an ihr vorbei und lassen sie links liegen.

Wer von Osten her kommt, wird mit dem schönsten Blick auf Kirchturm und Apsis belohnt.

Von Norden her zeigt sich herrschaftliche Pracht. Nicht von ungefähr ist es die Blickrichtung zum früheren Ort Bruck hin. Die Zwillingsfassade mit ihren beiden gleichwertigen Hälften spiegelt die Funktion des Klosters wider: links der Bereich des Konvents, der weit über die Kirche hinaus nach Osten ausgreift, rechts der Bereich des Kurfürsten als weltlich-herrschaftlicher Teil, zu dem neben den kurfürstlichen Zimmern auch die Räume des Abtes als Repräsentanten des Klosters nach außen gehörten. Als Grund- und Gerichtsherr hatte dieser bis zur Säkularisation Teil an der weltlichen Macht. In der rechten Hälfte der Fassade befand sich ursprünglich auch der Haupteingang, auf den ein breiter Weg über eine Brücke zuführte. Bis auf den Giebel über einem der Fenster ist davon nichts mehr zu sehen.

Von Westen gesehen wächst die Klosteranlage gleichsam aus der sie umgebenden Landschaft heraus. Hier wird das Siedlungsmotto der Zisterzienser „In Tal und Einsamkeit" am deutlichsten. Der 70 Meter hohe Turm und die nahezu 50 Meter hohe Kirchenfassade überragen alle übrigen Bauten. Nirgendwo sonst gab es am Ende des 17. Jahrhunderts und zu Beginn des 18. Jahrhunderts, als Giovanni Antonio Viscardi die Pläne schuf und Michael Wening seine beiden Kupferstiche arbeitete, ein ähnliches Konzept, das den geschichtlichen Anspruch und das gleichberechtigte Nebeneinander von klösterlichem und herrscherlichem Bereich so monumental vor Augen stellte. Die großen Reichsabteien sollten erst später folgen.

Konventtrakt und Kirche von Norden

Die Klosterkirche Fürstenfeld von Osten ▶

Brunnenfigur von Roman Anton Boos

Das weitläufige Areal des Klosters Fürstenfeld besteht aus Kirche, Konventtrakt und Wirtschaftsgebäuden. Nach der Aufhebung des Klosters 1803 wurden im Laufe des 19. Jahrhunderts nur geringfügige bauliche Veränderungen vorgenommen. Der Turm des so genannten Schlössls gegenüber der Kirche verschwand, ebenso der Latrinenanbau im Osten. Der den Vorplatz der Kirche und die beiden Höfe des Konventbereichs durchfließende Wasserarm wurde geschlossen. An die Jahrzehnte, als dieser Bereich als Depot für Militärpferde diente, erinnert der gewaltige Bau der Hochtenne, der den heutigen Stadtsaalinnenhof nach Norden begrenzt. Auf den Kupferstichen von Michael Wening 1699 und 1701 fehlt er deshalb.

Nachdem die Stadt Fürstenfeldbruck die ehemaligen Wirtschaftsgebäude 1979 vom Wittelsbacher Ausgleichsfonds erworben hatte, wurden sie Stück für Stück saniert und restauriert und ihrer nunmehrigen kulturellen Nutzung zugeführt. Dazu gehören das Veranstaltungsforum der Kester-Haeusler-Stiftung, Stadtmuseum und Stadtarchiv, die Galerie Adelhoch, die Künstlerwerkstatt in Haus 10, die Neue Bühne Bruck und der Bereich des veranstaltungsforum fürstenfeld mit seinen Sälen, Seminar- und Probenräumen, dessen Mittelpunkt die an die historischen Bauten nach Westen angeschlossene Stadthalle ist, die 2001 ihrer Bestimmung übergeben wurde. Zwei Gaststätten, der Klosterladen und der samstägliche Bauernmarkt ergänzen das Angebot. 2003 wurden die Außenanlagen fertiggestellt – weite, ebene Rasenflächen vor der Fassade der Kirche und vor den ehemaligen kurfürstlichen Zimmern im Westflügel des Klosters – eine Reminiszenz an den früheren Hofgarten um die Brunnenfigur von Roman Anton Boos, einen Marmorputto mit Delphin.

Wenngleich der Strom von Menschen, die mit unterschiedlichen Interessen nach Fürstenfeld kommen, stetig zunimmt, ist das ehemalige Kloster doch eine Welt für sich geblieben. Das können vor allem all diejenigen bestätigen, die „dort draußen" wohnen. Und wenn der letzte Besucher gegangen ist, wenn im Dunkel der Nacht nur die Fassade der Kirche und der Turm im Scheinwerferlicht erstrahlen oder in der Morgendämmerung Nebel von der Amper her aufsteigt, „dann berühren sich Himmel und Erde ..."

> *Wo Menschen sich vergessen,*
> *die Wege verlassen,*
> *und neu beginnen, ganz neu,*
> *da begegnen sich Himmel und Erde,*
> *dass Frieden werde unter uns,*
> *da berühren sich Himmel und Erde,*
> *dass Frieden werde unter uns.*
>
> Modernes Kirchenlied

Die an die historischen Bauten angefügte Stadthalle (2001)

Blick nach Westen in den früheren Wirtschaftstrakt des Klosters

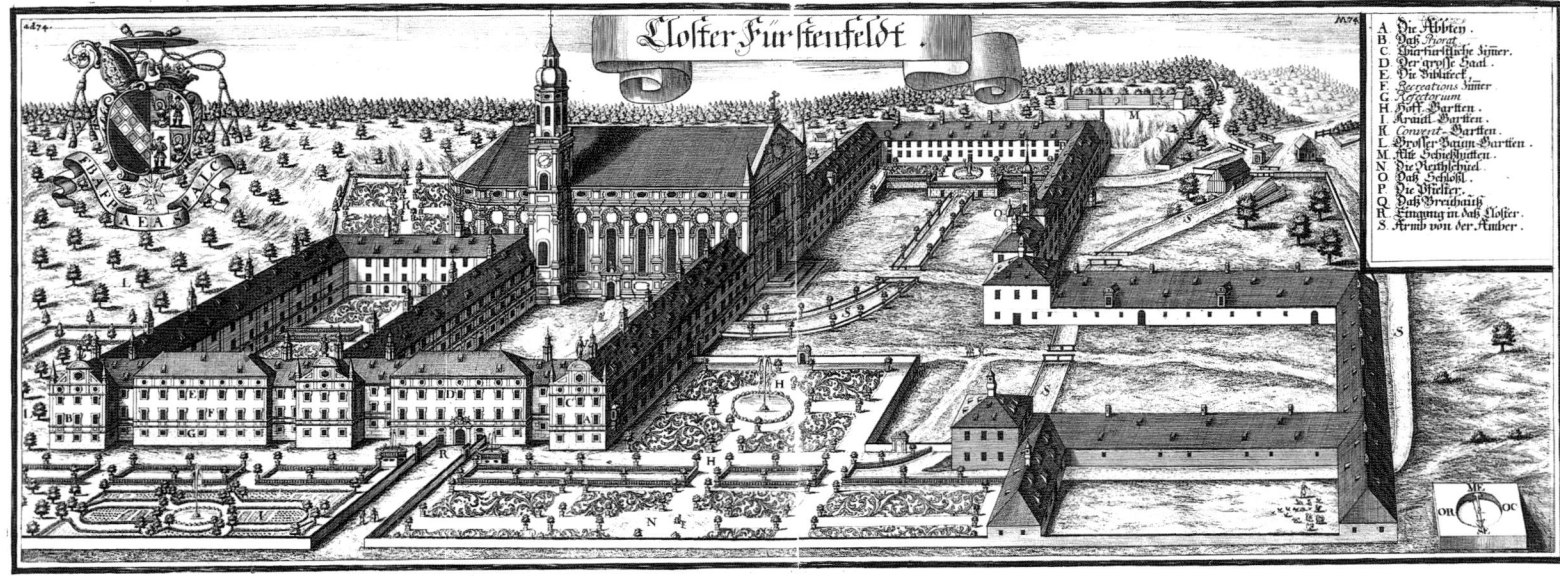

Die Klosteranlage – Kupferstich von Michael Wening von 1701

Während die ehemaligen Wirtschaftsgebäude heute im Besitz der Stadt Fürstenfeldbruck sind, gehören Konventtrakt und Kirche weiterhin dem bayerischen Staat. 1803 war das aufgelöste Kloster zunächst an den böhmischen Tuchfabrikanten Ignaz Leitenberger verkauft worden, der hier eine Leinwandfabrik einrichten wollte. Die Kirche sollte dabei als Betriebskirche dienen, um für die Arbeiter der Fabrik Zeit durch lange Kirchgänge an andere Orte einzusparen. Ein Abbruch der Kirche stand schon deshalb nie zur Diskussion. Entsprechende Gerüchte wie die von den oben am Engelsberg aufgestellten Kanonen, mit denen die Kirche zusammengeschossen werden sollte, entstanden wohl durch eine Schätzung nach dem reinen Materialwert, um einen finanziellen Anhaltspunkt für den Verkauf zu bekommen. Der Brucker Posthalter Ludwig Philipp Weiß, dem die Rettung der Klosterkirche zugeschrieben wird, musste sie zwar nicht vor der legendären Zerstörung durch Kanonenschüsse bewahren, hat durch seine Rückkaufverhandlungen für den Staat 1816 jedoch den Boden dafür bereitet, dass Fürstenfeld nicht durch viele Hände gehen musste wie andere Klöster, die damit in späteren Jahren oft viel von ihrer Bausubstanz verloren.

Die Gebäude blieben in staatlicher Hand und wurden als Invalidenanstalt, als Kaserne, als Lazarett und als Unteroffiziersschule genutzt. 1924 zog die bayerische Polizei ein und ist bis in die Gegenwart mit unterschiedlichen Institutionen und Gruppierungen geblieben – heute mit dem Fachbereich Polizei der Bayerischen Beamtenfachhochschule.

Über die Wirtschaftsgebäude, die 1918 in den Besitz des Wittelsbacher Ausgleichsfonds übergegangen waren, verbindet sich auch die Geschichte der Benediktiner von Ettal mit Fürstenfeld. Von 1923 bis 1951 hatten sie das Gut gepachtet und von 1924 an auch die Klosterkirche seelsorglich betreut.

Blick auf die Klosterkirche von Westen

Die Kirche ist bis heute nicht nur aufgrund ihrer baulichen Monumentalität der Mittelpunkt der gesamten Anlage. Wenn von ihr die Rede ist, gibt es viele Bezeichnungen, die Verwendung finden: ehemalige Zisterzienserabteikirche Mariä Himmelfahrt Fürstenfeld, ehemalige Landhofkirche – ein Ehrentitel, den ihr König Max I. Joseph 1816 verliehen hat – Marienmünster Fürstenfeld und manches mehr. Für die meisten Menschen ist sie jedoch einfach „die Klosterkirche". Dass seit 1803 keine Zisterzienser mehr in Fürstenfeld leben, ist bekannt, hat aber auf die Namensgebung keinen Einfluss. Im Gegenteil: Auch weit über Fürstenfeldbruck hinaus ist sie „unsere Klosterkirche" – als wäre an die Stelle des Zisterzienserkonvents nun eine viel größere Gemeinschaft all derer getreten, denen die Kirche und ihre Bestimmung am Herzen liegen.

Ich freute mich, als man mir sagte:
„Zum Haus des Herrn
wollen wir pilgern."
Schon stehen wir in deinen Toren,
Jerusalem:
Jerusalem, du starke Stadt,
dicht gebaut und fest gefügt...
Wegen meiner Brüder und Freunde
will ich sagen: In dir sei Friede.
Wegen des Hauses des Herrn,
unseres Gottes,
will ich dir Glück erflehen.

Psalm 122,1–2,8–9

Als barocke Kirche ist sie ein Stück Himmel auf Erden. Wer durch den Torbogen gegenüber der Fassade kommt und sich über den seit 2003 wieder autofreien Vorplatz auf die Kirche zu bewegt, kann etwas von dieser schrittweisen Annäherung an das Heiligtum verspüren, die die Architektur gezielt unterstreicht. Wer den Himmel betreten will, wer sich Gott nähert, kann dies nicht ohne innere Vorbereitung tun. Er betritt durch den Torbogen einen in sich geschlossenen Bezirk, er überquert den Platz und kommt über eine erste Stufe in den unmittelbaren Zugangsbereich der Kirche. Hier spiegelt sich die Vorhalle in der Kirche vor den drei Portalen wider, deren Stufen durch die unterste, umfassende Stufe zu einer großen Portalanlage zusammengefasst werden: Sammlung und Konzentration auf den Moment des Eintretens hin. Von oben schaut Christus als Weltenherrscher herab, flankiert von den Ordensheiligen Benedikt und Bernhard. Er hält die Weltkugel in der Hand, als wolle er den Besucher der Kirche daran erinnern, woher dieser kommt und wohin er unterwegs ist.

Über dem Hauptportal, das nur zu großen kirchlichen Festen geöffnet wird und dem liturgischen Einzug und Auszug dient, steht als Widmung des damaligen Abtes Alexander Pellhamer (1745–1761) – F(rater) A(lexander) A(bbas) F(uerstenfeldensis) 1747 – geschrieben: *D. O. M. – Beatae Virginis Mariae Honori Posuit* (Dem großen guten Gott (Deo Optimo Maximo) – Errichtet zu Ehren der Sel. Jungfrau Maria).

Vorherige Doppelseite:
Blick aus dem Wirtschaftshof auf Kirche und Westtrakt des Klosters

Die Fassade der Klosterkirche Fürstenfeld ▶

EINTRETEN

Die eher dunkle Vorhalle der Klosterkirche Fürstenfeld, die durch die großen schmiedeeisernen Gitter des Brucker Schmieds Anton Oberögger vom eigentlichen Kirchenraum getrennt ist, steht in bewusstem Kontrast zum hellen, lichtdurchfluteten Innenraum und dient der Besinnung und Konzentration. Was sich in den unterschiedlichen Stufen vor den Portalen andeutet, wird hier verstärkt: In den Himmel kann ich nicht nach eigenem Gutdünken hineinstürzen, ich muss mich vorbereiten, auf diesen Übergang einstellen, die laute Welt hinter mir lassen und bewusst eine ganz andere Welt betreten. Und selbst wenn die Gitter geschlossen sind und der Zugang verwehrt scheint, habe ich doch die Möglichkeit, einen Blick hineinzuwerfen. Ich bin also zu keiner Zeit ausgeschlossen oder stehe gar vor verschlossener Tür.

Zur Einkehr in sich selbst kann auch die Erinnerung an die eigene Taufe gehören. Die Weihwasserbecken zwischen den Gittertüren erinnern wie jedes geweihte Wasser an die Taufe. Doch auch Nicht-Getaufte und Andersgläubige können sich durch dieses Zeichen angesprochen fühlen, ist das Wasser doch ein Element, das jeder Mensch zum Leben braucht und ohne das nichts und niemand gedeihen kann.

Eines der beiden Weihwasserbecken in der Vorhalle

Selig, wer sein Gewand wäscht:
Er hat Anteil am Baum des Lebens,
und er wird durch die Tore
in die Stadt eintreten können ...
Wer durstig ist, der komme.
Wer will, empfange umsonst
das Wasser des Lebens.

Offb 22,14+17

Vorherige Seite:
Blick in die Vorhalle nach Süden

Abschlussgitter von Anton Oberögger, ▶
einem Brucker Schmied

Marienaltar an der Südwand der Vorhalle

Gegenüberliegende Seite:
Altar des hl. Josef an der Nordwand der Vorhalle

In den unmittelbaren Eingangsbereich der Kirche gehören auch zwei Altäre, die am nördlichen und südlichen Ende aufgestellt sind. Der eine ist dem hl. Josef geweiht, der andere der Gottesmutter Maria. Beide tragen das Jesuskind auf dem Arm. Jesus mit seinen Eltern – hier ist der offenkundige Bezug zum ganz normalen menschlichen Umfeld gegeben, das in der Ausstattung der Kirche immer wieder erscheinen wird. Jeder Mensch lebt in und von Beziehungen, und wer vom Himmel auf Erden spricht, der meint damit meistens eine erfüllte und gelungene Beziehung zu einem anderen Menschen. Während Josef durch die den Altar umgebenden Engelsfiguren, die einen Korb mit Zimmermannswerkzeugen und ein Senklot in Händen halten, für den täglichen Lebensunterhalt sorgt, verkörpert die Darstellung Marias die Vertrautheit von Mutter und Kind. Die Figur stammt aus der Zeit um 1340 und ist der Überlieferung nach ein Geschenk Kaiser Ludwigs des Bayern an das Kloster Fürstenfeld. Sie wird seiner Hofwerkstatt zugeschrieben. Vor dem Bau der barocken Kirche war die Fürstenfelder Sandsteinmadonna wohl im Kreuzgang des Klosters aufgestellt. Mit Sicherheit befand sie sich nie an der Außenseite der Kirche, was ihren ungewöhnlich guten Erhaltungszustand erklärt. Denn den strengen Statuten der Zisterzienser folgend hatten alle Gebäude außen frei von figuralem Schmuck zu sein. Die Madonna wird bis heute als Gnadenbild verehrt. Mehr als die Traubenmadonna vom gotischen Hochaltar ist sie der Inbegriff der Fürsprecherin und wird in vielen Anliegen angerufen. Hier liegt wohl auch der Grund für die Errichtung eines eigenen Altares in der barocken Kirche – und zwar im hinteren Bereich. Sie wird damit nicht in eine Ecke abgeschoben, sondern ist ganz im Gegenteil auch dann zugänglich, wenn die Gitter und der eigentliche Kirchenraum geschlossen sind. Wer die Klosterkirche betritt, wird nicht selten stille Beter vor der Madonna antreffen, und auch die vielen brennenden Kerzen sprechen für sich.

*Der Mensch
wird am Du
zum Ich.*

Martin Buber

Gedenke, o gütigste Jungfrau Maria,
dass es von Ewigkeit nicht erhört wurde,
dass jemand, der zu dir seine Zuflucht nahm,
deinen Beistand anrief, um deine Fürbitte flehte,
von dir sei verlassen worden.
Von diesem Vertrauen beseelt,
eile ich zu dir, Jungfrau der Jungfrauen,
Mutter, zu dir komme ich,
vor dir stehe ich seufzend als Sünder.
O verschmähe nicht meine Worte,
du Mutter des Wortes,
sondern höre sie gnädig an und erhöre mich.
Amen.

Dem hl. Bernhard von Clairvaux zugeschrieben

VERWEILEN

Der Innenraum der Fürstenfelder Klosterkirche übertrifft alles, was sich von außen her Stück für Stück angedeutet und aufgebaut hat. Architektur und Ausstattung steigern sich ins Monumentale. Wer durch die Gitter eintritt, bleibt zunächst unwillkürlich stehen – überwältigt allein schon von den Dimensionen, die sich vor dem Auge des Betrachters auftun. Fürstenfeld lässt alle vorausgehenden Kirchenbauten des Frühbarock hinter sich. Vergleichbar ist es lediglich den Repräsentationsbauten der Michaelskirche und der Theatinerkirche in München, dem Passauer Dom und der Kirche von Waldsassen, das Abt Martin Dallmayr (1640–1690) von Fürstenfeld aus ab 1661 als Zisterzienserkloster wiederbesiedeln ließ und dessen barocke Bauten mit diesem Abt begonnen wurden.

Fürstenfeld ist im Langhaus ein tonnengewölbter Wandpfeilersaal, dem sich ein stark eingezogener Chor anschließt, der nur etwa ein Drittel kleiner ist als das Langhaus (Gesamtlänge 80,00 m, Chor 31,80 m, Langhaus 48,20 m – Breite des Langhauses 23,05 m, Breite des Chores 15,40 m – Höhe bis zum Gewölbescheitel im Langhaus 28,20 m und im Chor 26,20 m). Der Saalraum des Langhauses wird vor allem durch die nach innen vorspringenden Wandpfeiler in fünf Abschnitte unterteilt: Von Westen her sind es zunächst zwei schmälere, denen dann drei voll ausgebildete folgen, wobei der östliche etwas breiter ist und damit ein Querhaus andeutet. Dieser Eindruck wird durch die gemalte Kuppel im Deckenfresko noch verstärkt. Die Empore, die als Aufgang zur Orgel dient, ist bis zu den Quertonnen in den Seitenkapellen nach oben geschoben und weit zurückgenommen, damit diese als hohe, nicht unterbrochene Räume bestehen bleiben. Sie geben so dem Saalraum mit dem durch ihre hohen Fenster einfallenden Licht zusätzliche Weite.

Der Chor ist vom Langhaus durch einen weit eingezogenen Chorbogen getrennt, der das Tor vom Gemeinderaum des Langhauses zur Chorbühne des *theatrum sacrum* bildet. Der um den Chorbogen drapierte Vorhang – die Farbe grün verweist wohl auf den Gründungsort „auf des Fürsten Feld" – unterstreicht diesen Eindruck ebenso wie die mit Stuckvorhängen geschmückte Loge im hinteren Bereich der Kirche unmittelbar über der Vorhalle und unter der Orgelempore, die zusammen mit den seitlich eingefügten Balkonen der Hofgesellschaft Platz bot, damit sie von dort dem Gottesdienst beiwohnen konnte. Die Loge ist nur von den sich seitlich anschließenden Gebäudeteilen zugänglich. Im Nordwesten ist dies das so genannte *piano nobile*, der zweite Stock mit den ehemaligen Räumen des Kurfürsten.

> *Herr, wer darf Gast sein*
> *in deinem Zelt,*
> *wer darf weilen*
> *auf deinem heiligen Berg?*
> *Der makellos lebt und das Rechte tut;*
> *der von Herzen die Wahrheit sagt und*
> *mit seiner Zunge nicht verleumdet;*
> *der seinem Freund nichts Böses tut*
> *und seinen Nächsten nicht schmäht.*
>
> Psalm 15,1–3

Vorherige Seiten:
Blick durch das geöffnete Mittelgitter in den Kirchenraum

Blick ins Gewölbe unmittelbar hinter dem Gitter ▶

Das Licht spielt in Fürstenfeld eine große Rolle. Die unzähligen Fenster und das durch sie einfallende Tageslicht lassen den Kirchenraum trotz aller Üppigkeit in der Ausstattung leicht und hell und ganz und gar nicht überladen erscheinen. Zusammen mit den vorherrschenden Pastelltönen – hellblau, rosa, gelb, weiß – und dem überall in der Kirche auf ockerfarbenem Grund schimmernden Blattgold entstehen immer wieder neue Lichteffekte und Schattierungen. Je nach Tages- und Jahreszeit, ob die Sonne kräftig scheint oder der Himmel bedeckt ist – die Fürstenfelder Kirche zeigt sich stets in einem anderen Licht, als sollte auf diese Weise die verborgene Gegenwart Gottes zum Ausdruck gebracht werden.

Eines der schönsten Lichtspiele kann der Besucher mit ein wenig Glück an einem Spätnachmittag im Herbst beobachten, wenn die Sonne im Westen zu sinken beginnt und durch eines der Fassadenfenster auf das Hochaltarbild mit der Himmelfahrt Mariens scheint. Das Licht kommt von links und bestrahlt in zwei Bahnen den leeren Sarkophag und die von Engeln in den Himmel getragene Maria. In wenigen Augenblicken ist alles vorüber und die Strahlen sind nach rechts über das Hochaltarbild hinausgewandert. Doch diese beiden Lichtpunkte und ihre Bewegung machen deutlich, worauf die ganze Kirche ausgerichtet ist: eine Ahnung zu vermitteln vom ewigen Leben in der Herrlichkeit Gottes.

*Vater, ich will, dass alle,
die du mir gegeben hast,
dort bei mir sind, wo ich bin.
Sie sollen meine Herrlichkeit sehen,
die du mir gegeben hast,
weil du mich schon geliebt hast
vor der Erschaffung der Welt.*

Joh 17,24

Blick nach vorne zum Kreuzaltar

VERKÜNDIGUNG
DAS HEILSGESCHEHEN

Das Langhaus der Klosterkirche Fürstenfeld ist mit seinen fünf großen Mittelfresken ein Gang durch die Heilsgeschichte Gottes mit den Menschen und damit ein Gang durch das Kirchenjahr, durch jedes Jahr, das in der Feier dieser Glaubensgeheimnisse ein Jahr des Heils ist. Es verbindet zentrale Stationen im Leben des hl. Bernhard von Clairvaux, des großen Ordensheiligen der Zisterzienser, mit den entscheidenden Ereignissen des Heilsgeschehens, der Erlösung der Menschheit durch Jesus Christus: seiner Menschwerdung, seinem Leiden und Sterben, seiner Auferstehung und Himmelfahrt und der Sendung des Heiligen Geistes. Über Bernhard zu Christus, so könnte man den Grundtenor überschreiben – das Langhaus als überdimensionales Bilderbuch, das in die Geheimnisse der Erlösung einführt. Die den Hauptfresken zugeordneten Medaillons und die Fresken über den Seitenkapellen schreiben diese Gedanken fort, wenn sie meist am Beispiel von Zisterziensern und Zisterzienserinnen die besondere Beziehung zu Christus und seiner Mutter Maria ins Bild bringen.

Dabei tritt die religiöse Erfahrung eines jeden Einzelnen in den Mittelpunkt. Es geht damit auch um meine ganz persönliche Beziehung zu Gott. Das macht das Moderne, das Zeitlose an der Theologie und Frömmigkeit der Zisterzienser aus, dass der einzelne Mensch und seine Beziehung zu Gott in den Mittelpunkt der Betrachtung gerückt werden. Der menschliche Zugang zum Menschen Jesus tritt an die Stelle der Verehrung des Weltenherrschers, wie ihn die Romanik dargestellt hat. Aus dem König am Kreuz wird der Schmerzensmann, dessen Leiden um der Menschen willen man sich vor Augen stellen und verinnerlichen will, um zur wahren Nachfolge zu gelangen.

Die Fresken stammen von Cosmas Damian Asam (1686–1739), er hat sie in den Jahren 1730 und 1731 gemalt. Als Erfinder des Bildprogramms gilt mittlerweile der damalige Abt Liebhard Kellerer (1714–1734), dessen Wappen neben der Maurerkelle ein flammendes Herz führt – als Anspielung auf seinen Namen und als Hinweis auf die besondere mystische Verbindung zu Christus und seiner Mutter Maria.

An den Quertonnen in den Emporenräumen über den Kapellen im Langhaus werden in breitformatigen Darstellungen die Zehn Gebote illustriert. Jacopo Appiani (1687–1742), der das gesamte Langhaus stuckiert hat, nachdem zuvor sein Bruder Pietro Francesco (1670–1724) für den Chorraum verantwortlich zeichnete, hat sie als Stuckreliefs, verbunden mit blauer Malerei, gestaltet. Vom Kirchenschiff aus sind sie kaum sichtbar – beinahe schon in den Himmel entrückt, trotz der sehr konkreten irdisch-menschlichen Inhalte.

> *Du musst nicht über Meere reisen,*
> *musst keine Wolken durchstoßen*
> *und musst nicht die Alpen überqueren.*
> *Der Weg, der dir gezeigt wird,*
> *ist nicht weit,*
> *du musst deinem Gott*
> *nur bis zu dir selbst entgegengehen.*
>
> Bernhard von Clairvaux

Vorherige Seite:
Die Fresken im Langhaus von Cosmas Damian Asam

Blick auf Vorhalle, Fürstenloge und Orgel ▶

Maria als Himmelskönigin mit der hl. Katharina und der hl. Agnes erscheinen dem sel. Thomas von Arnsberg

Mit der Verkündigung an Maria über der Orgel beginnt es – denn mit dem Ja Marias hat alles angefangen. Die Verkündigung steht als Bild im Bild, davor ist rechts die Mutter Bernhards zu sehen, der in einem Traum vor der Geburt des Sohnes geweissagt wurde, dieser werde der Kirche wie ein guter Hund dienen. Auf der linken Bildhälfte wird der Traum gedeutet: Ein weißer Hund stellt sich schützend vor die mit Kelch und Schlüsseln personifizierte Darstellung der Kirche und verbeißt deren Feinde, einen bewaffneten Mann und eine Gestalt mit Halskrause. Die Embleme auf beiden Seiten des Freskos zeigen im Norden einen Hund, der Geschwüre leckt, so wie Bernhard kranke Seelen heilt (*Ulcera sano* – Ich heile Geschwüre), im Süden vertreibt derselbe Hund Einbrecher (*Procul este rebelles* – Weicht fort, ihr Aufrührer). Die seitlichen Fresken zeigen Visionen von Zisterziensern: Maria als Himmelskönigin zwischen den Heiligen Katharina und Agnes und die Vorwegnahme der Klostergründung Bernhards 1115 in Clairvaux.

Für Bernhard ist das Ja Marias der Inbegriff für das Ja eines jeden Menschen zur Begegnung mit Gott. Er hat über diese Stelle aus dem Lukasevangelium immer wieder gepredigt. Gott kann und will zum Menschen nur dann Ja sagen, wenn dieser es auch selber will. Er drängt sich nicht auf. Die Geburt Jesu, die Menschwerdung des Gotteswortes, sein Ja zu uns wird erst möglich durch das Ja Marias. Was ist das für ein wunderbarer Gott, der den Menschen so ernst nimmt, der ihm so viel zutraut, der ihn so hoch einschätzt? Für den der Mensch, jeder Mensch, so wichtig ist, dass er selber Mensch wird?

Und noch etwas ist bedenkenswert. Maria sagt ihr Ja, obwohl sie nicht versteht, was da an ihr und mit ihr geschehen soll. Sie wird auch in Zukunft alles, was ihr Verstand nicht fassen kann, „im Herzen bewahren" und wachsen lassen. Sie vertraut und hat Geduld. Und sie trägt die Frohe Botschaft weiter. Sie geht zu ihrer Base Elisabeth. Sie verlässt ihr Zuhause, sie geht hinaus in die Welt, sie findet den Weg vom Ich zum Du, sie bringt das Wort zu Elisabeth und bekommt eine Antwort auf ihre Fragen, ohne sie gestellt zu haben. „Wer bin ich, dass die Mutter meines Herrn zu mir kommt?" sagt Elisabeth – und: „Gesegnet bist du mehr als alle anderen Frauen …"

> *Der Engel wartet auf deine Antwort.*
> *Es wird Zeit,*
> *dass er zu Gott zurückkehrt,*
> *der ihn gesandt hat.*
> *Herrin, auch wir warten*
> *auf dein erbarmendes Wort,*
> *denn uns drückt*
> *der Urteilsspruch ins Elend.*
> *Siehe, dir wird angeboten,*
> *unser Heil zu erwerben:*
> *sobald du Ja sagst, sind wir befreit…*
>
> Bernhard von Clairvaux
> Aus der 4. Predigt über die
> Lukasperikope 1,26–38

Die hl. Lutgardis von Tongeren tauscht das Herz mit dem Gekreuzigten

Das zweite Hauptfresko von Westen ist der Geburt Jesu gewidmet und verbindet sie mit der Vision des hl. Bernhard von diesem Ereignis, die ihm in der Heiligen Nacht zuteil wurde und die genaue Geburtsstunde Jesu offenbarte. Bernhard sitzt schlafend in einem Kirchenstuhl, vor seinem inneren Auge ersteht unter einer Kuppel der Stall von Bethlehem mit dem neugeborenen Jesuskind, das Maria den staunenden Hirten und eben auch dem hl. Bernhard präsentiert. Ein Engel zeigt im Hintergrund auf die Zeiger einer Uhr, um die Stunde der Geburt anzuzeigen, das Schriftband mit dem Jubelruf der Engel *Gloria in excelsis deo et in terra pax hominibus* verweist in Form eines Chronogramms auf das Jahr 1731, den Zeitpunkt der Vollendung des Freskos. Die Uhr mit dem Zeitpunkt der Geburt, das Schriftband mit dem Hinweis auf den Bau der Klosterkirche – beides ordnet Ereignisse in einen geschichtlichen Rahmen ein, alles ist wirklich und wahrhaftig geschehen, weil es festzumachen ist in Raum und Zeit. Das Martyrologium Romanum, das in der Christmette verlesen wird und die Geburt Jesu ans Ende einer langen Abfolge von Ereignissen und Personen stellt, tut nichts anderes. Hier geschieht nichts jenseits der menschlichen Wirklichkeit – im Gegenteil: hier wird die menschliche Realität im Innersten berührt und damit dauerhaft verändert, wenn Gott Mensch wird und sich damit den menschlichen Grenzen von Geborenwerden und Sterben unterwirft, um sie zu überwinden.

Die beiden Medaillons mit den Inschriften *Tenerum mihi signo* („Das Schwache erwähle ich mir" – ein Amor mit Köcher und Pfeil an einem Prägestock für Münzen) und *Nescit molimina tarda* („Zögernde Bemühungen kennt er nicht" – Eine Hand hebt einen Schlagbaum, unter dem hindurch eine weiße Taube, wohl Sinnbild für den hl. Bernhard, auf eine Zielscheibe mit einem flammenden Herzen zufliegt) leiten über zu den Fresken der Seitenkapellen, in denen aus der Seitenwunde Christi ein Blutstrahl zu den Lippen einer Zisterzienserin, der hl. Lutgardis von Tongeren, führt und diese mit ihm ihr Herz tauscht und eine andere an der Brust der Gottesmutter trinkt – Bilder für die Vereinigung mit Christus und seiner Mutter als die beiden größten mystischen Gnadenerweise.

Medaillon zum Fresko mit der Geburt Jesu

Geburt Jesu – Weihnachts-Vision des hl. Bernhard

Wir kennen ein dreifaches Kommen des Herrn.
Das erste war im Stall zu Bethlehem,
das letzte wird sein am Ende der Zeiten.
Dazwischen aber kommt er in unsere Gegenwart:
Im Hören auf sein Wort,
im Antwortgeben mit dem eigenen Leben,
im Bruder und in der Schwester – Tag für Tag.

Bernhard von Clairvaux
Nach einer Adventspredigt

Säulenengel vom Benediktsaltar

Säulenengel vom Bernhardsaltar

Ohne Weihnachten gibt es kein Ostern, doch ohne Ostern, ohne Leiden, Tod und Auferstehung wäre die Geburt Christi sinnlos gewesen. Wer im Bewusstsein der Auferstehung lebt, kann nicht weiterleben wie bisher: Der gebannte Herzog Wilhelm von Aquitanien wird von Bernhard im Angesicht der konsekrierten Hostie, dem Leib Christi, Bild für den Opfertod Jesu am Kreuz, bekehrt. Cosmas Damian Asam veranschaulicht diese Umkehr durch Kniefall und Kehrtwendung des an der Spitze seiner Soldaten anrückenden Herzogs. Darin gleicht er den Soldaten am Grab Jesu, die geblendet von der Lichtgestalt des Auferstandenen im Tympanon über dem Kirchenportal, aus dem Bernhard heraustritt, zu Boden stürzen. Die Versöhnung des Herzogs von Aquitanien datiert in der Vita des hl. Bernhard zwar erst nach seinem Ordenseintritt, wird jedoch vorgezogen, weil die chronologische Abfolge der auf Christus bezogenen Szenen Vorrang hat.

Die begleitenden Medaillons und die sich anschließenden Fresken der Seitenkapellen thematisieren Umkehr und radikale Neuausrichtung des Lebens und damit die Rettung der Seelen: Im Norden verweist die Arche auf Noah, der Menschen und Tiere rettet (*Homines iumentaque salvat*), im Süden ist es ein Winzer, der Weinstöcke beschneidet (*Fructus inest lachrymis* – Frucht erwächst aus Tränen). Ihnen zugeordnet sind die mystische Vermählung des hl. Franziskus von Assisi mit der Armut und der hl. Katharina von Siena mit dem Jesuskind: Alles hinter sich lassen um des Himmelreiches willen.

Auferstehung Jesu – hl. Bernhard mit konsekrierter Hostie vor dem Herzog von Aquitanien

*Das Kreuz ist eine Last von der Art,
wie es die Flügel für die Vögel sind:
sie tragen aufwärts.*

Bernhard von Clairvaux

Die Himmelfahrt Christi ist mit dem Ordenseintritt des hl. Bernhard verbunden. So wie Christus die sichtbare Welt verlässt, so will auch Bernhard die Welt hinter sich lassen.

1113 war er zusammen mit dreißig Gefährten in Cîteaux eingetreten und sicherte dem Kloster damit nach schwierigen Anfangsjahren den endgültigen Bestand. Noch im selben Jahr wurde das erste Tochterkloster La Ferté gegründet: *firmitas,* Festigkeit – Hinweis auf die veränderte Situation. 1114 folgten Pontigny und 1115 Clairvaux und Morimond, das zum Mutterkloster nahezu aller Klöster im deutschsprachigen Raum werden sollte. Über Ebrach und Aldersbach geht die Linie auch zu Fürstenfeld. Clairvaux selbst wurde mit Bernhard als Abt zu seinen Lebzeiten zum Mutterkloster von allein 164 Neugründungen, eine gewaltige Zahl, die mit allen anderen Gründungen Zeugnis gibt von der unglaublichen Zugkraft Bernhards auf seine Zeitgenossen. *Pater promitto* – Vater, ich verspreche – mit diesen Worten legt Bernhard seine Gelübde in die Hände des Abtes von Cîteaux Stephan Harding ab, der mit der so genannten Carta Caritatis die Ordensverfassung der Zisterzienser geschaffen und so ebenfalls zur Ausbreitung beigetragen hat: jährliches Generalkapitel aller Äbte und jährliche Visitation des einzelnen Klosters durch den Abt der Gemeinschaft, von der aus es besiedelt worden war – weitgehende Selbstständigkeit und dennoch enge Verbindung und damit Aufsicht untereinander.

Die Gefährten, darunter auch seine fünf Brüder und die Schwester, scharen sich um Bernhard. Die Schwester will ihn zunächst zurückhalten – die Versuchung züngelt als Schlange zwischen beiden hervor – tritt aber später ebenfalls ins Kloster ein. Der Bruder Gerhard mit Rüstung und Fußkette schließt sich erst nach seiner Befreiung aus Kriegsgefangenschaft der Gemeinschaft an. Wie der hl. Paulus, der rechts im Bild vom Pferd stürzt, braucht er ein Damaskuserlebnis, das ihn auf den richtigen Weg führt. Allein der jüngste Bruder Nivard in grüner Jagdkleidung, dem das väterliche Erbe übertragen wurde, beschwert sich: „Euch den Himmel und mir die Erde? Das ist nicht gerecht geteilt." Auch er wird den Geschwistern ins klösterliche Leben folgen.

Durch den Verzicht auf alle irdischen Güter wird Bernhard und seinen Gefährten ein Platz im Himmel gewiss sein. Der lichte Schein, der seine Gestalt umgibt, kommt von den Strahlen, die den in den Himmel auffahrenden Christus umgeben und die sich auf alle verteilen. Ihr Ursprung ist hinter dem Vorhang verborgen, den Engel beiseite ziehen und der aus der Malerei in Stuck übergeht. Eingerahmt wird das Geschehen von Mönchen, die am linken Bildrand in einer Loge zu Augenzeugen werden. Ihnen gegenüber erscheinen Fassade und Turm wohl der Fürstenfelder Klosterkirche: der Bogen vom Jahr 1113 zur Gegenwart der Entstehungszeit des Freskos. Fürstenfeld wird zu einem zweiten Cîteaux, die Mönche werden zu Geschwistern des hl. Bernhard, wenn sie dem Irdischen entsagen und sich so den Himmel erwerben: *Totus despicitur orcus* (Die ganze Unterwelt wird verachtet): Ein Adler trägt seine Jungen der Sonne entgegen (nördliches Medaillon), und *Regis ad exemplum* (Du gehst als Beispiel voran): Ein Bienenschwarm fliegt von einem Baum mit irdischen Gütern unter der Schlange der Versuchung zu seinem Bienenkorb, der mit Lilien und Rosen als Symbolen für Reinheit und Tugend umwunden ist (südliches Medaillon).

Dass auch das alltägliche Leben eines Mönchs von der Gegenwart Christi erfüllt ist und unter dem Schutz seiner Mutter steht, zeigen die Fresken über den Seitenkapellen: Im Norden verteilt Maria Speisen an hungrige Mönche, und der Jesusknabe hilft beim Abwasch; im Süden hilft sie den Mönchen bei der Erntearbeit, Jesus führt den pflügenden Ochsen über das abgeerntete Feld.

Himmelfahrt Christi – Eintritt des hl. Bernhard und seiner Gefährten in den Zisterzienserorden

*Das Maß Gott zu lieben,
ist ohne Maß zu lieben.*

Bernhard von Clairvaux

In der Himmelfahrt sprengt der Auferstandene endgültig Raum und Zeit, er wird herausgelöst aus seinem eigenen historischen Umfeld und damit immer wieder neu gegenwärtig – durch alle Zeiten und Generationen hindurch bis zum heutigen Tag. Im ersten Pfingsten sendet er den Heiligen Geist als den Beistand, der zur Nachfolge aufruft und befähigt, *ut in omnibus glorificetur Deus* – „damit in allem Gott verherrlicht werde", wie es im letzten, größten Fresko des Langhauses am Übergang zum Chor zu lesen ist. „Geht hinaus in die ganze Welt..." – dieser Auftrag zur Verkündigung gilt nicht nur den Aposteln oder dem hl. Bernhard, sondern allen, die sich als Christen verstehen. Cosmas Damian Asam schlägt in diesem fünften und größten Fresko des Langhauses den Bogen zur Gegenwart des jeweiligen Betrachters. Es geht nicht mehr nur um die Verbindung zwischen den in Fürstenfeld lebenden Mönchen und den ersten Mönchen ihrer Ordensgemeinschaft wie im vorangegangenen Himmelfahrtsfresko, es geht um alle Menschen, die sich in den Jahrhunderten seit der Erbauung der Fürstenfelder Kirche hier aufgehalten haben und in Zukunft hier aufhalten werden. Alle sind sie aufgerufen, an der Verkündigung der Frohen Botschaft mitzuwirken, die gerade in diesem Fresko in einer überbordenden Fülle zum Ausdruck kommt: vom ersten Pfingsten in der gemalten Kuppel zur zentralen Gestalt des hl. Bernhard und der ihm zuteil werdenden Gnadenerweise in der Umarmung durch den Gekreuzigten (Amplexus) und der Milchspendung durch die Muttergottes (Lactatio) bis hin zu den vier damals bekannten Erdteilen in den Ecken, die die Ausbreitung des Evangeliums in die ganze Welt hinein versinnbildlichen und den Auftrag an alle Generationen deutlich machen.

Aus der unendlichen Vielzahl an Details treten zwei besonders hervor. Unterhalb der Gottesmutter entfaltet sich ein Band mit den Anfängen des „Salve Regina" (Sei gegrüßt, o Königin ...), um Bernhard sind auf drei Tafeln die Schlussanrufungen dieser Antiphon zu lesen, die er der Legende nach bei seiner Kreuzzugspredigt im Speyrer Dom im Jahre 1146 an das „Salve Regina" angefügt haben soll. Die Marienstatue habe daraufhin mit den Worten „Salve Bernarde" diesen Gruß erwidert.

Das Blut Christi und die Milch Mariens werden in den beiden Medaillons fortgeführt: *Via lactea iungit* – „Die Milchstraße verbindet" und *Candidus et rubicundus* – „Weiß und rot". Die Fresken in den Seitenkapellen zeigen Maria als besondere Patronin und Fürsprecherin des Zisterzienserordens.

Salve Regina, mater misericordiae;
vita, dulcedo et spes nostra, salve.
Ad te clamamus, exsules filii Evae ...
O clemens, o pia, o dulcis virgo Maria.

Sei gegrüßt, o Königin,
Mutter der Barmherzigkeit;
Unser Leben, unsre Wonne
und unsre Hoffnung, sei gegrüßt!
Zu dir rufen wir, verbannte Kinder Evas;
zu dir seufzen wir trauernd und weinend
in diesem Tal der Tränen.
Wohlan denn, unsere Fürsprecherin,
wende deine barmherzigen Augen uns zu,
und nach diesem Elend zeige uns Jesus,
die gebenedeite Frucht deines Leibes.
O gütige, o milde, o süße Jungfrau Maria.

VERKÜNDIGUNG
DAS KREUZ

Die Verehrung des gekreuzigten Christus ist in der Tradition des hl. Bernhard der Mittelpunkt zisterziensischer Spiritualität. Es ist zwar ein weiter Weg von der ursprünglichen Schlichtheit einer Zisterzienserkirche wie Fontenay in Burgund oder Eberbach im Rheingau bis zur barocken Prachtentfaltung in Fürstenfeld, die zentrale Bedeutung des Kreuzes ist jedoch geblieben. In Fürstenfeld steht das Kreuz in der Mitte und beherrscht den gesamten Raum. Auf das Kreuz ist alles zugeordnet, der gekreuzigte Christus ist Mittel- und Angelpunkt der ganzen Kirche – nicht nur des architektonischen Baus, sondern vor allem auch der Kirche aus lebendigen Steinen, der Gemeinschaft aller Glaubenden.

Der Gekreuzigte entstand in spätgotischer Zeit, wohl um 1480. Er ist eines der wenigen Ausstattungsstücke, die aus der gotischen Kirche erhalten geblieben sind und könnte ursprünglich über dem Lettner angebracht gewesen sein. Nach dem Zweiten Weltkrieg bis zum Abschluss der Renovierungsarbeiten Ende der siebziger Jahre befand er sich in der Abteikirche der Benediktiner von St. Bonifaz in München – als Leihgabe der Ettaler Benediktiner von Fürstenfeld an die Münchener Mitbrüder, die ihre Kirche nach den Zerstörungen des Krieges stark verkleinert wieder aufgebaut hatten und keinerlei Ausstattungsgegenstände mehr besaßen. Während der überlebensgroße Kruzifixus für St. Bonifaz nur eine Verlegenheitslösung darstellte, ist er für Fürstenfeld in Verbindung mit dem so genannten Kreuzaltar unverzichtbar. Aufgrund dieser zentralen Bedeutung – auch denkmalpflegerische Gründen spielten mit herein – gibt es in Fürstenfeld kein *versus populum*. Der Priester feiert die Messe mit Blickrichtung nach Osten und nicht den Gläubigen zugewandt.

Wie sehr die gesamte Ausstattung der Kirche bis ins Detail auf diesen gekreuzigten Christus ausgerichtet ist, zeigt allein schon der kleine Engel zu Füßen des monumentalen Standbilds von Herzog Ludwig dem Strengen, das zusammen mit seinem Gegenstück, dem Sohn des Stifters, Kaiser Ludwig dem Bayern, am Triumphbogen der Kirche aufgestellt ist. Er hält den Grundrissplan der barocken Klosterkirche in der einen Hand und hat die andere in Richtung Kreuz erhoben – als wollte er den Herzog darauf hinweisen, dass allein im Blick auf den Gekreuzigten Erlösung und Vergebung möglich ist, selbst von einer so großen Schuld wie der Ermordung der eigenen Gemahlin.

Engel zu Füßen der Statue Herzog Ludwigs des Strengen

Stat crux, dum volvitur orbis.
Das Kreuz steht fest,
während die Welt sich dreht.

Wahlspruch der Kartäusermönche

Christus am Kreuz, Ausschnitt aus dem Kreuzaltar

Unterschiedliche Darstellungen des Gekreuzigten ziehen sich wie ein roter Faden durch die Geschichte der Sühnestiftung Herzog Ludwigs des Strengen. Mit dem Beginn dieser Geschichte ist das so genannte Gründerkreuz des Klosters verbunden. Die Überlieferung berichtet, es sei von den Aldersbacher Mönchen als Geschenk des Stifters 1263 mitgebracht worden. Beweisen lässt sich diese Tradition nicht, es spricht jedoch Einiges dafür. Das Kreuz ohne Corpus stammt aus der zweiten Hälfte des 13. Jahrhunderts, ein so genanntes Lilienkreuz, dessen unteres Ende verloren gegangen ist. Lilienenden sind im 13. und 14. Jahrhundert vor allem im Nordwesten Europas zu finden, der Klostergründer könnte das Kreuz im Rheinland, zu dem er als Pfalzgraf Beziehungen hatte, erworben haben. Die Löcher an den Enden und im durch den Korpus verdeckten Zentrum dienten zur Befestigung eines Besatzes. Dass die heute angebrachte Figur des Gekreuzigten nicht original ist, zeigt sich allein schon durch ihre Größe. Sie verdeckt die Kontur eines eingravierten Kruzifixus und Gravuren auf den Kreuzenden: Maria und Johannes auf dem Querbalken und einen Engel am oberen Ende. Auf der Rückseite der Kreuzenden sind die Symbole der Evangelisten zu erkennen, Löwe, Stier und Adler. Der Mensch für Matthäus am unteren Ende ist verloren.

Das sind die geschichtlichen und kunstgeschichtlichen Erkenntnisse, die sich zusammentragen lassen. Für die Bedeutung des Kreuzes in Fürstenfeld sind sie jedoch letztlich zweitrangig. Das Gründerkreuz schlägt den Bogen zurück zu den Anfängen zisterziensischen Lebens an diesem Ort, es verbindet mit der Zeit der Zisterziensermönche, die mit ziemlicher Sicherheit für immer der Vergangenheit angehört; es steht aber auch für die gesamte geistliche Tradition, die mit der Säkularisation nicht zu Ende gegangen ist, sondern nur andere Erscheinungsformen angenommen hat. Mit keinem anderen Gegenstand aus der Geschichte Fürstenfelds ist dieser Wandel mehr verbunden als mit diesem Kreuz. Nie wird aber auch die Beständigkeit und Gültigkeit der damit verbundenen Botschaft deutlicher als bei einem großen liturgischen Einzug in die Kirche, wenn das Gründerkreuz mitgetragen und als Altarkreuz auf den Kreuzaltar gestellt wird.

Rückseite des Gründerkreuzes: Christus als Lehrer

Wir verkündigen Christus als den Gekreuzigten.

Aus 1 Kor 1,23

Gründerkreuz des Klosters Fürstenfeld, zweite Hälfte des 13. Jahrhunderts

Succisa virescit –
aus dem abgeschlagenen Ast treibt neues Grün hervor.
In übertragenem Sinne heißt das: immergrünendes geistliches Leben.
Succisa virescit –
das ist der Wahlspruch des Benediktinerklosters Monte Cassino,
das nach der Zerstörung im Zweiten Weltkrieg zu neuem Leben erwacht ist.
Succisa virescit –
das hat auch etwas mit der geistlichen Tradition an diesem Ort zu tun.
Succisa virescit –
das ist das säkularisierte Kloster Fürstenfeld,
dessen monastisches Leben 1803 gewaltsam zu Ende ging
und nicht etwa, weil es sich überlebt hatte.
Succisa virescit –
das geschieht immer dann,
wenn sich Menschen hier zum Gottesdienst versammeln.
Succisa virescit –
das vollzieht sich aber auch immer dann,
wenn sich Menschen hier aufhalten, die einen Moment der Stille suchen,
die hierher kommen,
weil sie vielleicht ein Problem haben, mit dem sie nicht fertig werden,
weil sie sich für die Geschichte dieses Ortes interessieren,
weil sie sich die Kirche und ihre Theologie erklären lassen
und sich damit auch auf sie einlassen wollen.
Succisa virescit –
immergrünendes geistliches Leben,
das hat etwas zu tun mit dem, was sich hinter den sichtbaren Dingen verbirgt,
mit der Dimension, die nach oben geht,
aber auch mit der Dimension, die in die Weite geht –
wie es in den beiden Balken des Kreuzes
in der Mitte der Kirche zum Ausdruck kommt.
Und der, der alles zusammenhält,
der auch das Abgeschlagene wieder grün und lebendig werden lässt,
das ist nicht irgendein über den Wolken schwebendes numinoses Etwas,
das ist der Mensch gewordene, gekreuzigte und auferstandene Christus,
in dem sich der liebende und barmherzige Gott offenbart,
der auch heute noch durch seinen Heiligen Geist in der Welt wirkt –
wo und wie er will.

Das bekannteste Bild für die Kreuzesverehrung des hl. Bernhard von Clairvaux, des großen Ordensheiligen der Zisterzienser, ist die Umarmung des Heiligen durch den Gekreuzigten, die so genannte Amplexus-Darstellung. Sie erscheint in der Fürstenfelder Kirche zweimal – im großen Deckenfresko am Übergang vom Langhaus zum Chorraum und als Altarbild des dritten südlichen Seitenaltares, der dem hl. Bernhard geweiht ist.

Das Deckenfresko von Cosmas Damian Asam bringt in einer gewaltigen Schau alle Aspekte zisterziensischer Frömmigkeit zum Ausdruck, erklärt sie aus dem Wirken des Heiligen Geistes, der an Pfingsten über Maria und die um sie versammelten Jünger herabgekommen ist, und schlägt auf grandiose Weise den Bogen zur Gegenwart all derer, die es betrachten: „Geht in die ganze Welt, damit in allem Gott verherrlicht werde" – so steht es in Form eines lateinischen Chronogramms neben der Laterne der gemalten Kuppel, aus der der Heilige Geist herabschwebt. Die Kreuzesverehrung des hl. Bernhard, die sich in der Amplexus-Darstellung verbildlicht, lässt sich nur durch das Wirken des Heiligen Geistes erklären. Christus neigt sich zu Bernhard herab, um ihn zu umarmen und darüber hinaus mit Blut aus seiner Seitenwunde zu stigmatisieren. Damit wird Bernhard Christus ähnlich, bekommt Anteil an dessen Leiden und Sterben, das die Menschen anrührt und aufrüttelt, zumal wenn sie sich dessen bewusst sind, dass es ein stellvertretendes Leiden und Sterben ist. Im Laufe des 12. Jahrhunderts, der Lebenszeit des Heiligen, nahm das Interesse an der historischmenschlichen Gestalt Jesu mehr und mehr zu. Ziel der Nachfolge wurde nun in erster Linie die Anlehnung an Christus als den Menschen, der gehorsam den Willen des Vaters erfüllt, bis in den Tod hinein. Bernhard hat dieses neue Verständnis des Gekreuzigten und damit die Kreuzesverehrung der Zisterzienser begründet, vor diesem geistigen Hintergrund erwächst eine neue Form der Kreuzesdarstellung: aus dem König am Kreuz, dem Weltenherrscher, wie ihn die Romanik darzustellen pflegt und wie er im Gründerkreuz von Fürstenfeld anklingt, wird nun der Schmerzensmann der Gotik.

Doch Bernhard wird nicht nur mit dem Blut des Gekreuzigten bezeichnet, sondern empfängt auch einen Milchstrahl aus der Brust Mariens. In den beiden seitlichen Medaillons werden die Symbole von Milch und Blut weitergeführt: Im nördlichen erscheint die Milchstraße, auf der zwei Engel sitzen, und dazu heißt es auf dem Schriftband: *Via lactea iungit* (Die Milchstraße verbindet) – im südlichen bringt die Aufschrift *Candidus et rubicundus* (Weiß und rot) die Reinheit und Hingabe geistlichen Lebens zum Ausdruck. Durch die Milch der Gottesmutter werden Christus und Bernhard Brüder, durch das Blut aus der Seitenwunde Jesu wird Bernhard dem Gekreuzigten ebenfalls auf besondere Weise verbunden: Marienfrömmigkeit und Kreuzesmystik schließen einander ein.

> *Wer sich an den Herrn bindet,*
> *ist e i n Geist mit ihm ...*
> *Oder wisst ihr nicht,*
> *dass euer Leib*
> *ein Tempel des Heiligen Geistes ist,*
> *der in euch wohnt*
> *und den ihr von Gott habt?*
> *Ihr gehört nicht euch selbst;*
> *Denn um einen teuren Preis*
> *seid ihr erkauft worden ...*
>
> 1 Kor 6,17–20

Kreuzesvision (Amplexus) und Milchspendung Mariens (Lactatio) an den hl. Bernhard

Christus der Herr erwog die Mühsal und den Schmerz des Menschen, um sie in seine Hände zu nehmen, oder vielmehr, um sich in ihre Hände auszuliefern ... Tatsächlich: Er hat selbst unsere Leiden getragen und unsere Krankheiten und Schmerzen auf sich genommen, er, der Mann der Schmerzen, arm und leidend, angefochten in allem, doch ohne Sünde ... Deshalb will ich mir mein Leben lang seine Mühen vor Augen halten, (...), sein Ermüden beim Wandern, seine Anfechtungen beim Fasten, sein Wachen im Gebet, seine Tränen beim Mitleiden. Ich will auch ständig an seine Schmerzen denken, an die Schmähungen, das bespien Werden, die Backenstreiche, das verlacht Werden, die Beschimpfungen, die Nägel und alles andere dieser Art, das im Übermaß über ihn gekommen und durch ihn hindurchgegangen ist. Das ist für mich eine Quelle der Kraft, das macht mich ihm ähnlich; allerdings nur, wenn ich ihn freiwillig nachahme, um seinen Spuren zu folgen ... Schau also, wie er dreiunddreißig Jahre lang auf der Erde gelebt und bei den Menschen geweilt hat. Was er tat, wurde ihm schlecht ausgelegt, was er sagte, wurde mit Spott bedacht. Er hatte keinen Ort, wo er sein Haupt hinlegen konnte.

Bernhard von Clairvaux
Predigt am Karmittwoch, 11–12

VERKÜNDIGUNG
MARIA

„Alle unsere Klöster, so wurde bestimmt, sind zu Ehren der Königin des Himmels und der Erde zu erbauen, und zwar nicht in Städten, festen Plätzen und Dörfern." Mit diesem Satz aus den ersten Statuten von Cîteaux, dem Mutterkloster aller Zisterzienser, wird Maria zur Patronin des gesamten Zisterzienserordens und damit auch der Fürstenfelder Kirche. Der Orden steht unter ihrem besonderen Schutz, was in der Ausstattung der Kirche an mehreren Stellen zum Ausdruck kommt. Maria als mächtige Schutzherrin der Zisterzienser ist das Thema des Freskos im zweiten Chorjoch von Westen. Der Chorraum als Versammlungsort der Mönche zum Gebet, auf den das Engelskonzert im ersten Joch einstimmt, ist in der Motivwahl seiner Fresken ganz auf diese Bestimmung ausgerichtet. Maria erscheint als Apokalyptische Frau aus der Offenbarung des Johannes (Offb 12), sie steht auf der Mondsichel, unter einem übergroßen Reif mit zwölf Sternen mit der Aufschrift: *Omnes mecum erunt in aeternum* – „Alle werden bei mir sein in Ewigkeit". Die Zisterzienser, die damit gemeint sind, kommen durch das Wappen ihres Ordens ins Bild, das ein Engel in Händen hält: den rot-weiß geschachteten Querbalken, der auf das Familienwappen des hl. Bernhard von Clairvaux zurückgeht. Ein anderer Engel stürzt mit einem Bündel von Blitzen ein mit Schlangen umgebenes Ungeheuer in die Tiefe.

Der Schutz des Ordens durch Maria ist auch Gegenstand der Fresken in den beiden vordersten Seitenkapellen. Im Norden sind zwei Visionen dargestellt – links im Bild der selige Gerhard auf dem Totenbett, dem Christus verspricht: *Nullus tui ordinis peribit* – „Keiner aus deinem Orden wird zugrunde gehen"; rechts der hl. Alberich, der zweite Abt von Cîteaux, dem Maria die weiße Kukulle überreicht – der Wechsel vom schwarzen Ordenskleid der Benediktiner zu weißem Habit und weißer Kukulle der Zisterzienser. Nur das Skapulier ist bis heute schwarz geblieben. Maria versichert Alberich: *Ego ordinem istum usque in finem Saeculi protegam* – „Ich werde diesen Orden bis ans Ende der Zeiten beschützen." Gegenüber, auf der Südseite, tritt sie als Fürsprecherin beim Weltgericht auf, wenn sie die Hand des Weltenrichters, der nach dem Richtschwert greift, zurückhält und auf die unter ihrem Mantel zusammengedrängten Zisterzienser und Zisterzienserinnen weist – ihnen voran der hl. Bernhard.

Das sich nach Westen anschließende Freskenpaar überträgt den Beistand der Gottesmutter ins alltägliche Leben der Mönche, macht ihn gewissermaßen konkret und anschaulich. Im Norden verteilt Maria Speisen an die hungrigen Mönche, während sich in der anderen Bildhälfte der Jesusknabe in der Küche um das schmutzige Geschirr kümmert. Im Süden hilft Maria den Mönchen bei der Erntearbeit, indem sie ihnen den Schweiß von der Stirne wischt, im Hintergrund führt Jesus den vor den Pflug gespannten Ochsen.

Die von Kreuzesverehrung und Marienfrömmigkeit geprägte Spiritualität der Zisterzienser orientiert sich an der historisch-menschlichen Gestalt Christi, betrachtet sein Leben als Mensch und versteht damit auch das ganz alltägliche eigene Leben als von seiner Gegenwart erfüllt. Ausdruck dieses Verständnisses sind die vielen Legenden, die auch in die Ausstattung der Klosterkirche Fürstenfeld und in das meditative Programm ihrer Fresken Eingang gefunden haben, wollen diese doch nichts anderes, als die konkrete Gegenwart des Gekreuzigten und Auferstandenen verkünden.

Vorhergehende Seite:
Maria als Schutzpatronin der Zisterzienser

Maria als Fürbitterin beim Weltgericht

*Unter deinen Schutz und Schirm
fliehen wir,
heilige Gottesmutter.
Verschmähe nicht unser Gebet
in unseren Nöten,
sondern errette uns jederzeit
aus allen Gefahren,
o du glorwürdige
und gebenedeite Jungfrau,
unsere Frau, unsere Mittlerin,
unsere Fürsprecherin.
Führe uns zu deinem Sohne,
empfiehl uns deinem Sohne,
stelle uns vor deinem Sohne.*

Mariengebet, um das Jahr 300,
ergänzt durch Worte des hl. Bernhard

Maria teilt an Mönche Speisen aus –
der Jesusknabe hilft beim Abwasch

Neben der Sandsteinmadonna aus dem 14. Jahrhundert erinnert auch die Traubenmadonna an die gotische Klosterkirche. Sie steht heute zu Füßen Kaiser Ludwigs des Bayern, dicht an die Wand gerückt – sicher kein idealer Platz; in Anbetracht der Gefährdung durch das einfallende Sonnenlicht von Süden jedoch wohl nicht anders zu lösen, wenn sie im Blick der Besucher der Kirche auch von außerhalb des Gitters bleiben soll.

Die mit Krone und Zepter geschmückte Fürstenfelder Traubenmadonna sitzt als „thronende Himmelskönigin" auf einer Bank, auf ihrem Schoß das Jesuskind, das sich nach vorne reckt und nach einer Weintraube greift, die die Mutter in der Hand hält. Maria hat den Kopf leicht zur Seite geneigt und blickt in sich gekehrt in die Ferne, als sinne sie über das Schicksal des Kindes, das sie in den Armen hält, nach. „Sie bewahrte alles, was geschehen war, in ihrem Herzen und dachte darüber nach", heißt es von ihr im Lukasevangelium zu den Ereignissen bei der Geburt Jesu (Lk 2,19). Die Weintraube symbolisiert das zukünftige Leiden des Gottessohnes. Wie die Traube in der Kelter ausgepresst wird und roten Saft hervorbringt, so wird Christus auf seinem Kreuzweg sein Blut für die Erlösung der Menschen vergießen – und das aus freien Stücken, so wie auch das Kind wie im Spiel nach der Traube greift und sie haben will.

Und Simeon segnete sie
und sagte zu Maria, der Mutter Jesu:
Dieser ist dazu bestimmt,
dass in Israel viele durch ihn
zu Fall kommen
und viele aufgerichtet werden,
und er wird ein Zeichen sein,
dem widersprochen wird.
Dadurch sollen die Gedanken
vieler Menschen offenbar werden.
Dir selbst aber wird ein Schwert
durch die Seele dringen.

Lk 2,34–35

Traubenmadonna vom spätgotischen Hochaltar der Klosterkirche Fürstenfeld

Tafelbild vom spätgotischen Hochaltar der Klosterkirche Fürstenfeld

Ein Reliquienverzeichnis aus dem Jahr 1602, das in einer Beilage die Patrozinien sämtlicher Altäre in der Fürstenfelder Klosterkirche festhält, nennt für den Hochaltar der Kirche *imagines deauratae,* vergoldete Bildnisse der Jungfrau Maria und der Heiligen Bernhard und Benedikt. In der Chronik des Fürstenfelder Paters Bernhard Steinle aus dem Jahr 1799 werden sie als Teile vom Hochaltar der ersten Klosterkirche bezeichnet. Die Traubenmadonna sowie die Heiligen Benedikt und Bernhard, die heute im Vorraum der Südsakristei verwahrt werden, entstanden zwischen 1470 und 1480, einer Zeit, in der vom damaligen Abt Jodok (1467–1480) die Anschaffung von Altarbildern überliefert ist. Zu den drei Figuren kommen schließlich noch zwei Tafelbilder, die sich ebenfalls im Vorraum der Südsakristei befinden und aus derselben Zeit stammen.

Tafelbild vom spätgotischen Hochaltar der Klosterkirche Fürstenfeld

Damit ergibt sich für Fürstenfeld ein spätgotischer Hochaltar, der als Flügelaltar in der Mitte des Schreins die Madonna als Patronin der Kirche barg, assistiert von den Ordensheiligen Benedikt und Bernhard. Die Flügel des Altars waren auf der Innenseite wohl mit Reliefschnitzereien zur Passion Christi geschmückt, die verloren sind. Außen, auf der Wochentagsseite, waren ursprünglich vier Bilder – so ergibt es sich aus den Größen von Figuren und Tafelbildern – mit Szenen aus dem Leben Mariens zu sehen. Zwei von ihnen sind erhalten: die Anbetung des Kindes im Stall zu Bethlehem und die Aussendung des Heiligen Geistes an Pfingsten. Bei den beiden anderen handelte es sich wohl um eine Verkündigungsszene und den Tod Mariens. Die in Öl auf Holz gemalten Bilder werden Meister Sigmund von Freising zugeschrieben.

Die Meister der Figuren aus dem gotischen Hochaltar sind bis heute umstritten. Fest steht lediglich, dass Madonna und Seitenfiguren von zweierlei Hand gearbeitet sind.

Die Traubenmadonna ist noch immer ein „vergoldetes Bildnis", die Assistenzfiguren sind dagegen mittlerweile ungefasst und weisen nur noch schwache Spuren von Gold auf. Während die Madonna zierlich und feingliedrig ist, beeindrucken die beiden Ordensheiligen durch ihre Monumentalität. Sie sind im Schreiten begriffen, ihre Gewänder bauschen sich in vielen Falten und geben den Figuren so zusätzliche Spannung. Benedikt umfasst mit seiner linken Hand ein geschlossenes Buch, auf dem sich ursprünglich der Giftkelch mit der Schlange befunden haben dürfte, auf den seine rechte Hand noch hinweist. Bernhard hält ein aufgeschlagenes Buch in der Rechten und rafft mit der Linken sein Gewand zurück. Zusammen mit der sitzenden Madonna verbinden sich so in sich ruhendes Verweilen und Bewegung – Bewegtheit. Wer vom „Geheimnis des Glaubens" ergriffen ist, den treibt es voran ...

Der Heilige Benedikt vom spätgotischen Hochaltar

Der Heilige Bernhard vom spätgotischen Hochaltar

*Da gingen ihnen die Augen auf
und sie erkannten ihn ...
Und sie sagten zueinander:
Brannte uns nicht das Herz
in der Brust,
als er unterwegs mit uns redete
und uns
den Sinn der Schrift erschloss?*

Lk 24,31–32
Jesus und die Emmaus-Jünger

In der barocken Ausstattung der Kirche von Fürstenfeld gibt es viele Darstellungen der Gottesmutter Maria, die meisten sind gemalt. Neben den plastischen Bildwerken aus der Zeit der Gotik stammt lediglich eine Skulptur aus der Barockzeit: die Apokalyptische Frau auf der Orgel, Maria mit dem Kind auf dem Arm – mit der Sonne bekleidet, der Mond unter ihren Füßen und ein Kranz von zwölf Sternen auf ihrem Haupt, so wie sie die Offenbarung des Johannes beschreibt (Offb 12,1). Diese Textstelle ist in der Liturgie des Hochfestes Mariä Aufnahme in den Himmel die erste Lesung.

Die Apokalyptische Frau krönt die gewaltige Orgel, deren Prospekt sich zu einem überdimensionalen ‚M' formt, dem Monogramm Mariens. Johann Fux, ein gebürtiger Tölzer und ein gefragter und gesuchter Meister seines Fachs, hat sie gebaut. Dabei verwendete er mehrere Register der Vorgängerorgel aus dem 17. Jahrhundert, die bis 1661 wahrscheinlich auf dem damals beseitigten Lettner der alten Klosterkirche gestanden hatte und danach auf die Westempore verlegt worden war. Ein erster Organist wird für Fürstenfeld mit dem 1629 verstorbenen Pater Johann Arnold genannt.

Aus alt und neu entstand eine zweimanualige Barockorgel mit 27 Registern, die am Vorabend von Mariä Himmelfahrt, am 14. August 1736, während der Vesper zum ersten Mal erklingen sollte. Ein Fuchs, der einer Gans hinterher jagt, erinnert in Form einer Intarsienarbeit über dem Spieltisch an ihren Erbauer.

Das Orgelwerk ist heute noch in den wesentlichen Teilen unverändert erhalten und gehört wegen seiner Größe und der klanglichen Qualität zu den bedeutendsten Denkmälern des barocken Orgelbaus in Bayern. Sie dient heute wie zu Klosters Zeiten der Begleitung des Gottesdienstes, erklingt aber auch zu geistlichen Konzerten.

Das ist die eine Seite der Orgel – die akustisch fassbare, irdische. In der Gestaltung des Orgelprospektes kommt aber noch eine zweite Dimension zum Tragen bzw. zum Klingen: die überirdische, die dem menschlichen Ohr noch verschlossen ist und von der es nur in seltenen Augenblicken eine Ahnung bekommt. Sie wird verkörpert durch die musizierenden Engel auf der Orgel und die tanzenden Putten auf der Emporenbrüstung, die wie die gesamte „Schneidarbeit" – Schleierbretter, Draperien und Wappen – Arbeiten des Münchener Bildhauers Johann Georg Greiff sind. Sie sind Teil der himmlischen Musik, jener überirdisch schönen Klänge, die zur ewigen Seligkeit gehören und in Sternstunden des Musizierens ins Diesseits herüberleuchten.

Die Apokalyptische Frau erhöht diese Dimension noch um eine weitere Stufe. In der Offenbarung des Johannes steht sie zwischen der Beschreibung der sieben Engel und der sieben Posaunen und der Ankündigung des Gerichts. In ihr bekämpft der Satan in Gestalt eines Drachen das Volk Gottes, deshalb wird sie auch als Sinnbild für die Kirche gedeutet. Vor dem Eintritt in die ewige Seligkeit steht das Gericht, doch nicht Schrecken erregend und in Furcht und Verzweiflung stürzend wie manches gotische Tympanon, sondern überstrahlt von der Lebensfreude des Barock, die auf die Barmherzigkeit Gottes vertraut, die sich im Gegenstück zur Orgel, dem Hochaltar, in der Aufnahme Mariens in den Himmel als Verheißung an alle Menschen vollzieht.

> *Großes wird von dir gesagt, Maria:*
> *Der Herr hat dich erhoben*
> *über die Chöre der Engel*
> *in seine Herrlichkeit.*
>
> Eröffnungsvers
> vom Vorabend Mariä Himmelfahrt

Gesamtansicht der Westempore mit der Orgel von Johann Fux

Der Kreuzaltar mit dem überlebensgroßen Gekreuzigten darüber ist das Zentrum der Kirche. Krönender Abschluss der Ausstattung ist jedoch der Hochaltar, der Gottesmutter Maria geweiht ist. Mariä Himmelfahrt, das Hochfest der Aufnahme Marias in den Himmel, ist das Patrozinium der Kirche. Errichtet unter Abt Alexander Pellhamer (1745–1761), der sich im Auszug mit seinem Wappen verewigen ließ (ein Hammer und ein bellender Hund in Anspielung auf seinen Namen), kommt als Entwerfer wohl nur Egid Quirin Asam in Frage, der 1737 und 1746 bereits die beiden frühesten Seitenaltäre, den Sebastiansaltar und den Peter-und-Paul-Altar geschaffen hatte. Da er 1750 starb, stand er für die Ausführung seines Entwurfes nicht mehr zur Verfügung. Die gedrehten Säulen des Aufbaus, die geschwungenen Sockel, die Heiligenfiguren vor den Lichtfenstern und die Heilig-Geist-Gloriole sprechen jedoch für ihn. Das Altarbild von Johann Nepomuk Schöpf, die Himmelfahrt Mariens, ihr Aufsteigen aus dem Grab, umgeben von einer Wolke von Engeln, die sie in den Himmel hinaufträgt, gipfelt in der Figurengruppe der Heiligsten Dreifaltigkeit im Auszug von Franz Xaver Schmädl (1705–1777): Christus kommt seiner Mutter mit ausgebreiteten Armen entgegen, um sie zur Königin des Himmels zu krönen. Die Heilig-Geist-Taube schwebt in der Mitte der Gloriole vor einem gelben, die von Osten heraufziehende Sonne aufnehmenden Glasfenster, Gottvater, auf einer Wolke sitzend, sieht von schräg oben herab und breitet ebenfalls die Arme aus, um Maria in Empfang zu nehmen. Der Auszug des Altars ist überreich an Symbolen, die mit Christus und seiner Mutter in Verbindung stehen: Engel halten das Kreuz Christi, ein anderer bringt die Krone herbei, mit der Maria gekrönt wird, wieder andere halten die Sonne, einen Stern und einen Kranz von Rosen in Händen, als Hinweis auf die Anrufungen Mariens in der Lauretanischen Litanei. Die ganze Szenerie quillt über vor Freude und Bewegtheit.

Der gesamte Altar ist dreigeteilt und nimmt noch einmal die Gesamtarchitektur der Kirche auf: Der untere Bereich ist nahezu schwarz, da der Mensch in der Erde und damit in der Sterblichkeit verhaftet ist. Der mittlere Teil schafft den Übergang von der Erde zum Himmel, die hohen Säulen umrahmen das Altarbild mit der Himmelfahrt Mariens. Der dritte Teil ist bereits Himmel, die Kapitelle der Säulen treten hier zurück und geben den Blick nach oben frei.

Die Heiligenfiguren zwischen den Säulen stellen Menschen dar, die für das Leben Mariens von Bedeutung waren, in der Mitte ihre Eltern Anna und Joachim, außen die Verwandten Elisabeth und Zacharias. Elisabeth hält eine Tafel mit dem Gruß an Maria in Händen: „Gesegnet bist du mehr als alle anderen Frauen" (Lk 1,42) – bei Zacharias ist es der Beginn des Benedictus: „Gepriesen sei der Herr, der Gott Israels" (Lk 1,68). Damit wird einmal mehr die historisch-menschliche Beziehung geschaffen, die für jeden Menschen wichtig ist. Niemand kann ohne Beziehungen leben. Jeder Mensch braucht Gemeinschaft, jeder Mensch kann sich nur in liebender Beziehung finden und vollenden, das gilt für Maria ebenso wie für Christus. Der dreifaltige Gott ist nichts anderes als vollendete Gemeinschaft, innigste Beziehung und aufeinander Bezogensein.

Aufgenommen in den Himmel ist die Jungfrau Maria. Die Engel freuen sich und preisen den Herrn.

Halleluja-Vers zum Hochfest Mariä Himmelfahrt

NACHFOLGE

BENEDIKT UND BERNHARD –
ORDENSREGEL UND SPIRITUALITÄT

Die Zisterzienser leben nach der Ordensregel des hl. Benedikt. Sie verstehen sich als reformierte, erneuerte Benediktiner. Deshalb wurde das spätere Mutterkloster des Zisterzienserordens Cîteaux zunächst auch nur das *novum monasterium,* das neue Kloster genannt. Der Gründerabt Robert und seine Mitbrüder hatten ihr Kloster Molesmes verlassen, um zu den Wurzeln zurückzukehren und in völliger Einsamkeit und Weltabgeschiedenheit die Ordensregel so radikal wie nur möglich zu leben. Solche Neuanfänge waren an sich nichts Außergewöhnliches. Erst mit seinen Nachfolgern Alberich und Stephan Harding begann sich etwas Neues, Eigenständiges herauszukristallisieren: Unter Abt Alberich fand der Wechsel vom schwarzen Habit der Benediktiner zum weißen der Zisterzienser statt – der Legende nach durch das Einwirken der Gottesmutter, wie es auch im ersten nördlichen Seitenfresko des Fürstenfelder Langhauses dargestellt ist. Die Zisterzienser wurden deshalb auch die weißen Mönche genannt. Abt Stephan Harding schuf dann mit seiner Carta Caritatis, dem Gesetz der Liebe, die Grundlage für den Aufbau eines Ordens, indem er die monastische und liturgische Ordnung und das Abhängigkeitsverhältnis der einzelnen Klöster untereinander regelte – durch das jährliche Generalkapitel aller Äbte in Cîteaux und durch das Filiationsprinzip, d. h. die jährliche Visitation eines jeden Klosters durch den Vaterabt, den Abt des Klosters, durch den das zu visitierende Kloster besiedelt worden war. Für Fürstenfeld war dies der Abt von Aldersbach. Damit war ein gegenseitiges Regulativ im Hinblick auf die Einhaltung der Ordensregel und der gemeinsamen Gewohnheiten ebenso gewährleistet wie die weitgehende Selbstständigkeit und Unabhängigkeit der einzelnen Abteien. Doch all diese Voraussetzungen hätten nichts genützt, wenn nicht 1113 durch den Eintritt des hl. Bernhard und seiner Gefährten in Cîteaux der Bestand der neuen Bewegung gefestigt worden wäre und alsbald eine Neugründung nach der anderen hätte erfolgen können. Bernhard selbst wurde bereits 1115 Abt von Clairvaux, der dritten Gründung von Cîteaux und damit zusammen mit La Ferté, Pontigny und Morimond eine der vier so genannten Primarabteien. Bei seinem Tod 1153 gehörten von den inzwischen 344 Klöstern des Ordens allein 1664 zur Filiation von Clairvaux.

Wir wollen in e i n e r Liebe,
unter e i n e r Regel
und e i n h e i t l i c h e m
Brauchtum leben.

Carta Caritatis

Engel vom Benediktsaltars mit Abtsstab

Vorherige Seite:
Hl. Zacharias vom Hochaltar

Engel vom Bernhardsaltar mit der Kreuzigungs-Lanze ▶
als einem der Attribute des Heiligen

Die Regel des hl. Benedikt und die Spiritualität des hl. Bernhard von Clairvaux waren die beiden Pfeiler zisterziensischen Lebens auch im Kloster Fürstenfeld. Deshalb werden die beiden Heiligen immer wieder gemeinsam dargestellt – sei es im Hochaltar der gotischen Klosterkirche oder in der barocken Kirche hoch oben an der Fassade, in zwei Seitenaltären und in zwei kleinen Statuetten vom ersten Viertel des 18. Jahrhunderts, die heute auf dem Bernhardsaltar stehen.

Die typischen Attribute sind dabei für den hl. Benedikt Abtstab und Regel, dazu auf dem Buch der Kelch und die daraus hervorzüngelnde Schlange, weil er der Legende nach mit vergiftetem Wein getötet werden sollte, dem Gift in Form der Schlange jedoch durch seinen Segen die Kraft nehmen konnte. Für den hl. Bernhard sind es die Leidenswerkzeuge Christi, Kreuz, Dornenkrone, Lanze und der Stab mit dem Essigschwamm, die ihn als großen Verehrer des Gekreuzigten ausweisen. An der Fassade und in den kleinen Statuetten sind beide in dieser Form dargestellt. Die Statuetten befanden sich ursprünglich wahrscheinlich als Abschlussfiguren auf dem Chorgestühl. Die betenden Mönche hatten sie damit immer unmittelbar vor Augen. Die beiden Altäre – das mittlere von insgesamt fünf Paaren zu beiden Seiten des Langhauses – zeigen im Norden den Tod des hl. Benedikt und im Süden die zweite Amplexus-Darstellung in der Kirche neben dem großen Deckenfresko von Cosmas Damian Asam: Bernhard in Anbetung vor dem sich vom Kreuz herabneigenden Christus. Beide Altarbilder stammen von Ignaz Baldauf (1715–1795), einem gebürtigen Inchenhofener. Inchenhofen bei Aichach war als Filiale der Pfarrei Hollenbach bei Aichach dem Kloster Fürstenfeld seit 1259 inkorporiert, als sich die Sühnestiftung Ludwigs des Strengen noch in Thal bei Aibling befand. Die Zisterzienser unterhielten in Inchenhofen ein Superiorat und betreuten die dortige Leonhardswallfahrt. Baldauf hatte auf Kosten des Klosters seine Ausbildung erhalten und immer wieder für seine Gönner und Förderer gearbeitet – neben der Klosterkirche u.a. auch in seiner Heimatpfarrei Inchenhofen und in St. Magdalena in Bruck. Der Erbauer der beiden Altäre ist unbekannt, die Putten und Engelsköpfe werden zusammen mit den weiß-golden gefassten lebensgroßen Holzstatuen von Kirche und Antike am Benediktsaltar und Hoffnung und Liebe am Bernhardsaltar dem in Weilheim ansässigen Franz Xaver Schmädl (1705–1777) zugeschrieben – ebenso wie die Assistenzfiguren der beiden ersten Seitenaltäre, der hl. Josef in der Vorhalle, die Aufsätze auf den Beichtstühlen und die Figuralplastik des Hochaltars.

Bernhardsaltar, dritter südlicher Seitenaltar (von Westen)

Der Benediktsaltar stellt im Bild den Tod des Heiligen dar, der aufrecht, von seinen Mitbrüdern gestützt, in die ewige Seligkeit eingeht und dessen Seele auf einem Lichtstrahl in Gestalt eines Menschleins in den Himmel auffährt, zwischen die personifizierten, plastischen Darstellungen von Kirche mit Kreuz und Kelch und Antike mit Helm und abgebrochener Säule. Benedikt verbindet den Aus- und Niedergang der Antike mit dem beginnenden christlichen Abendland. Seine Gemeinschaft breitet sich wie eine Flamme aus über die ganze Welt, die goldene Weltkugel im Auszug bringt dies zum Ausdruck. Bei Bernhard sind es Hoffnung und Liebe, die das Bild einrahmen – zusammen mit dem durch das Kreuz im Bild symbolisierten Glauben die drei göttlichen Tugenden. Im Auszug finden sich weitere Attribute des Altarheiligen – mit Lanze und Essigschwamm der Verweis auf die Leidenswerkzeuge. Betrachtet man die beiden Altäre von der Herrscherloge über der Vorhalle aus, in deren Blick sie die ersten erkennbaren Altäre sind, so bekommen die dargestellten Tugenden und der Verweis auf das christlich geprägte Abendland noch zusätzliche Bedeutung. Es sind nicht nur monastische, sondern allgemein-christliche Tugenden, zumal für einen Herrscher von Gottes Gnaden, der für eben dieses christliche Abendland auch eine besondere Verantwortung trägt.

Höre, mein Sohn,
auf die Lehren des Meisters,
und neige das Ohr deines Herzens;
nimm die Mahnung
des gütigen Vaters willig an
und erfülle sie durch die Tat ...
Stehen wir also endlich einmal auf;
Die Schrift weckt uns und sagt:
Die Stunde ist gekommen,
vom Schlaf aufzustehen ...

Regula Benedicti, Prolog

Benediktsaltar, dritter nördlicher Seitenaltar (von Westen)

Der Chorraum der Klosterkirche Fürstenfeld ist vom Langhaus nicht nur durch die Architektur als eigener Raum abgesetzt, den eingezogenen Chorbogen, den angedeuteten grünen Stuckvorhang und die vier Stufen, die man hinaufgehen muss. Das alles ist auf den ersten Blick sichtbar. Auf den zweiten Blick zeigt sich ein fein abgestimmtes Programm in der Motivwahl der Fresken, eine thematische Verbindung von Chorgestühl und darüber hängenden Bildern mit den vier lateinischen Kirchenväter und ein unsichtbares Band zwischen oben und unten, zwischen Kirchenraum und darunter liegender Krypta.

Die zeitliche Zuordnung des Chorgestühls ist nicht endgültig geklärt. Möglich ist, dass es aus der Umbauphase der gotischen Klosterkirche (1661) unter Abt Martin Dallmayr stammt und durch den Inchenhofener Kunstschreiner Friedrich Schwertführer († 1760) für die barocke Kirche umgearbeitet und mit vergoldeten Schnitzereien versehen wurde.

Im Gewölbe des ersten Chorjochs, dort, wo das Langhaus endet und der Chorraum beginnt, zeigt das Fresko ein Engelskonzert. Zwei Engel spielen auf der Laute und der Gambe, ein dritter hält ein Antiphonale in Händen – dazu das Spruchband *Venite exultemus* (Kommt, lasst uns jubeln). Dabei handelt es sich um den 1. Vers des 95. Psalms, mit dem das Stundengebet beginnt.

Kommt, lasst uns jubeln vor dem Herrn
und zujauchzen dem Fels unseres Heiles!
Lasst uns mit Lob seinem Angesicht nahen,
vor ihm jauchzen mit Liedern!
Denn der Herr ist ein großer Gott,
ein großer König über allen Göttern.
In seiner Hand sind die Tiefen der Erde,
sein sind die Gipfel der Berge.
Sein ist das Meer, das er gemacht hat,
das trockene Land, das seine Hände gebildet.
Kommt, lasst uns niederfallen, uns vor ihm verneigen,
lasst uns niederknien vor dem Herrn, unserm Schöpfer.
Denn er ist unser Gott, wir sind das Volk seiner Weide,
die Herde, von seiner Hand geführt ...

Psalm 95

Blick in den Chorraum der Klosterkirche Fürstenfeld

Siebenmal am Tag und einmal in der Nacht haben sich die Mönche in der Kirche zum gemeinsamen Gebet versammelt. Ob sie vom Schlaf oder von der Arbeit kamen, immer war das Gebet eine Zäsur, eine bewusste Unterbrechung dessen, womit man gerade beschäftigt war. Sie zogen über die heute zugemauerte Treppe aus dem Zellenbereich des Klosters im ersten Stock in die Kirche hinunter – der Abt an der Spitze, dann die Mönche nach Rang und Professalter und am Schluss die Novizen. So ist es auch heute noch. *Conventualiter* – konventgemäß, wird diese Form des Einzugs genannt. Jeder hatte im Chorgestühl seinen Platz, in zwei Reihen einander gegenüber, vor der Aufhebung des Klosters hinter dem Kreuzaltar durch L-förmige Erweiterungen nach innen ergänzt: ein in sich geschlossener Raum – allein den Mönchen vorbehalten. Wem die Beine schwer wurden, dem half das Hölzchen auf der Unterseite eines jeden Sitzes, der zum Stehen hochgeklappt wurde: „Misericordia" heißt es, Barmherzigkeit. Jeder einzelne hatte ein Gegenüber und jemanden neben sich, jeder schaute einem anderen ins Angesicht. Gebet ist Wort und Ant-Wort. Der unsichtbare Gott zeigt sich im sichtbaren Gegenüber. Diese Gemeinschaft ist unabhängig von Zeit und Raum, von Leben und Tod, deshalb haben die Toten in der Krypta unter dem Chorraum dieselbe Blickrichtung wie die Lebenden im Chorgestühl darüber. Einer schaut den anderen an, behält ihn im Blick.

O Gott, komm mir zu Hilfe.
Herr, eile mir zu helfen.
Ehre sei dem Vater und dem Sohn
und dem Heiligen Geist.
Wie im Anfang so auch jetzt
und alle Zeit
und in Ewigkeit. Amen.

Eröffnung des Stundengebets

Chorgestühl und Krypta

Das Bildprogramm des Chorraums entspricht seiner doppelten Funktion als Versammlungsort der Mönche zum Gottesdienst und als Erinnerung an den Stifter. Die Mönche verstehen ihren Stiftungsauftrag ja vor allem als stellvertretendes, sühnendes Gebet für den Herzog und seine Familie. Ihr Leben und auch das der Stifterfamilie steht dabei unter dem Schutz Marias, der Patronin von Orden und Kirche. Dem Engelskonzert am Chorbogen schließt sich deshalb die Darstellung der Gottesmutter als mächtige Fürsprecherin der Zisterzienser an, ihr folgt nach Osten die Stiftung des Klosters Fürstenfeld und direkt über dem Hochaltar Maria in der Glorie. Auch die Fresken des Chorraumes stammen von Cosmas Damian Asam (1686–1739), er hat sie bereits 1723 gemalt, sieben Jahre vor den Fresken im Langhaus.

Die Medaillons neben den großen Fresken des Chorraumes sprechen an, was monastisches Leben ausmacht: *Vota reddendo* (Gelübde erfüllen) und *Omnia deserendo* (Alles verlassen) links und rechts vom Engelskonzert – *Praedicando* (Das Wort Gottes verkündigen) und *Meditando* (Betrachten) neben der Darstellung Marias als Schutzherrin der Zisterzienser und mit besonderem Bezug auf Fürstenfeld – *Poentientiam agendo* (Buße tun) und *Sacrificando* (Opfern) als Rahmen für die Stiftung des Klosters zur Sühne für den Tod der Maria von Brabant. Das letzte Fresko – Maria in der Glorie – wird kommentiert durch das *Devote psallendo* (Demütig Psalmen singen) und das *Cursum recitando* (Beständig beten) in einem Buch mit dem Ave Maria vor dem Wessobrunner Gnadenbild als Reminiszenz an die vielen aus dem Umfeld von Wessobrunn stammenden Künstler, die in Fürstenfeld mitgearbeitet haben. Gemeint ist damit das täglich zusätzlich zum kanonischen Officium gemeinsam gebetete Muttergottesofficium oder „Marianum". Außerdem setzt sich die Verbindung von unten nach oben, die ein Charakteristikum der gesamten Kirche ist, im Gedanken des Stundengebets fort, denn die beiden großen Gebetszeiten, die Laudes am Morgen und die Vesper am Abend, sind im Hochaltar gleichsam personifiziert: Zacharias mit dem Benedictus der Laudes und Elisabeth mit ihrem Gruß an Maria, auf den diese mit dem Magnificat, heute das Canticum der Vesper, antwortet: „Gepriesen sei der Herr, der Gott Israels ... – Meine Seele preist die Größe des Herrn ..."

Die fünf Medaillons des Chorhauptes sind ebenfalls Ausdruck kirchlichen Lebens: In der Mitte *Ecclesiam Regendo* (Regieren), dann nach außen folgend *Sanguinem Fundendo* (Blut vergießen) und *Ecclesiam defendendo* (Die Kirche verteidigen) und anschließend *Expugnando* (Bekämpfen von Irrlehren) und *Commentando* (Auslegen der Lehre).

Die Fresken im Chorraum von Cosmas Damian Asam

Die vier Embleme und die beiden Inschrifttafeln des Chorgestühls setzen diese Gedanken fort, wenn sie auf die Kennzeichen eines gottgefälligen Gebetes verweisen: *oratio humilis* und *fidelis*, *assidua* und *pura*, demütiges und treues, unablässiges und reines Gebet, versinnbildlicht durch Sonnenblumen, Hahn und Phönix. Die beiden Inschrifttafeln, die einmal den Schnittpunkt zwischen seitlichem und nach innen reichendem Teil des Gestühls markierten, verweisen auf das Johannesevangelium und die wahre Art des Betens im Gespräch mit der Frau am Jakobsbrunnen: im Geist und in der Wahrheit (Joh 4,23-24).

Die vier abendländischen Kirchenväter über dem Gestühl, um 1760 von Johann Nepomuk Schöpf (um 1735 – nach 1794) geschaffen – von ihm stammen auch das Hochaltarbild und die Darstellung des hl. Johannes Nepomuk am zweiten südlichen Seitenaltar –, runden mit ihrer Bußthematik dieses komplexe Programm ab: Ambrosius verwehrt Kaiser Theodosius den Eintritt in die Kirche, weil dieser in Thessaloniki ein grausames Blutbad hatte anrichten lassen; Augustinus wird durch einen kleinen Knaben auf die Begrenztheit seines menschlichen Erkennens hingewiesen; Gregor der Große sieht in einer Vision das Ende der Pest in Rom gekommen; Hieronymus wird ebenfalls durch eine Vision, in der ihm die Engel des Jüngsten Gerichts erscheinen, zur Aufgabe heidnischer Lektüre bewogen.

Die prachtvollen Rokoko-Oratorien, die das Chorgestühl auf beiden Seiten einrahmen, sind ein Werk des Wessobrunner Stuckators Tassilo Zöpf (1723–1807). Sie entstanden zusammen mit dem Hochaltar, um auf diesen hinzuführen und auf ihn einzustimmen. Deshalb sind die beiden Oratorien unmittelbar nach dem Chorbogen auch tiefer angelegt als die beiden anderen unmittelbar vor dem Hochaltar. Zusammen mit den Rocaillen über den sich anschließenden Fenstern entsteht damit ein Bogen vom frühen Barock bis hinein ins Rokoko. Das südwestliche Oratorium dient heute den Pfeifen der nach dem Zweiten Weltkrieg ins Chorgestühl eingebauten kleinen Orgel als Gehäuse.

> *Aber die Stunde kommt,*
> *und sie ist schon da,*
> *zu der die wahren Beter*
> *den Vater anbeten werden*
> *im Geist und in der Wahrheit ...*
>
> Joh 4,23

Oratorium an der nördlichen Seitenwand des Chores

Nördliches Chorgestühl mit Oratorien und Gemälden ▶
der Kirchenväter Ambrosius und Augustinus

NACHFOLGE

DAS SÜHNEKLOSTER –
FÜRSTENFELD UND DIE WITTELSBACHER

Unter den Fresken des Chores wird eines durch einen schweren Goldrahmen in besonderer Weise hervorgehoben: die Stiftung des Klosters Fürstenfeld im Gewölbe des dritten Chorjochs. Zum Rahmen kommen zwei Wappen zu beiden Seiten des Freskos und lassen dieses so zum Hauptbild des Chorraumes werden. Herzog Ludwig kniet auf der linken Seite des Freskos im Kreise seiner Gefolgsleute vor dem Thron der personifizierten Kirche, die die Tiara, die Papstkrone, auf dem Haupt trägt. Er legt ihr den Bauplan der barocken Klosterkirche zu Füßen und bringt somit zum Ausdruck, dass ohne seine Stiftung 1263 auch der Bau der barocken Anlage mehr als 400 Jahre später nicht möglich geworden wäre. Auf der anderen Seite stehen Bauleute, die mit Werkzeugen, Steinen und Mörtel am Fürstenfelder Kloster arbeiten. Der bayerische Genius, mit weiß-blau gerautetem Mantel in der Mitte kniend, meißelt derweil das Zisterzienserwappen, den geschachteten Querbalken, in Stein. Dieser rot-weiße Balken findet sich im linken der beiden äußeren Wappenschilde, er geht auf das Familienwappen Bernhards von Clairvaux zurück. Das gegenüberliegende Wappen des Abtes Liebhard Kellerer (1714–1734) zeigt die Maurerkelle als Hinweis auf seinen Familiennamen und das flammende und durchbohrte Herz in Anspielung auf seinen Ordensnamen und sicher auch im Hinblick auf seine persönliche Frömmigkeit. In seiner Amtszeit entstanden die Fresken. Er dürfte auch maßgeblich an der Ausarbeitung des Programms beteiligt gewesen sein.

Vorhergehende Seite:
Herzog Ludwig der Strenge,
Statue des Stifters am Chorbogen

Die Stiftung des Klosters Fürstenfeld ▶

Fratze vom Ellbogen der Statue
Herzog Ludwigs des Strengen am Chorbogen

Die Erinnerung an den Stifter und seinen Sohn Kaiser Ludwig den Bayern halten in Fürstenfeld die beiden fast vier Meter hohen Statuen am Chorbogen der Kirche lebendig. Sie dienen auch als Ersatz für das zum großen Teil verlorene gotische Stiftergrab, das sich in der Vorgängerkirche innerhalb des Chorgestühls befunden hatte und nach dem Umbau der gotischen Kirche unter Abt Martin Dallmayr 1661 an der Rückseite des Hochaltars aufgestellt worden war. Die eigentliche Begräbnisstätte für Ludwig, seine zweite und seine dritte Frau und einige früh verstorbene Kinder aus diesen Ehen sowie für das Herz des 1347 bei Puch an einem Schlaganfall verstorbenen Kaisers war zunächst wohl eine eigene Grabkapelle innerhalb des Friedhofs der Mönche gewesen. Da der Chor der barocken Kirche jedoch zum Teil in diesen Bereich hineingebaut wurde und als künftiger Friedhof eine Krypta entstand, wurden die Gebeine der Chronik des letzten Abtes Gerard Führer (1796–1803) zufolge sichergestellt und dann in die neue Kirche übertragen. Nachdem jedoch aufgrund eines statischen Fehlers ein Teil des Gewölbes eingestürzt war, konnte diese Stelle – bis heute – nicht mehr ausgemacht werden. Auch Grabungen unter dem Kreuzaltar erbrachten kein Ergebnis. Herzog Ludwig der Strenge hat sich also noch im Tod als der „Mann mit dem heruntergeklappten Visier", wie ihn eine bayerische Landeshistorikerin einmal genannt hat, erwiesen.

Roman Anton Boos (1733–1810) hat ihn zusammen mit Kaiser Ludwig dem Bayern, dem großen Freund und Förderer der Stiftung des Vaters, in Holz gearbeitet, in spätmittelalterliche Rüstungen gesteckt und weiß und gold fassen lassen. Herzog Ludwig trägt ein von einem Dolch durchbohrtes Herz um den Hals, als Sühnezeichen für den Mord an seiner Gemahlin; zu seinen Füßen sitzt der bayerische Löwe, ein Engel hält den Bauplan der barocken Klosterkirche in der Hand und weist mit der anderen auf das in der Mitte der Kirche aufragende Kreuz – als beständiges Mahnmal für den Herzog, in dessen Ellbogen eine Fratze aufscheint, die vielleicht als Hinweis auf seinen Jähzorn gelten darf. Die Inschrift verweist auf ihn als den Gründer von Kirche und Kloster, der „hier im heiligen Frieden ruht". Sein Sohn, Kaiser Ludwig der Bayer, der die Stiftung des Vaters stets als *monumentum paternae poenitentiae,* als Denkmal väterlicher Bußgesinnung, bezeichnet hat, ist mit den Reichsinsignien bekleidet, der Engel zu seinen Füßen hält den Reichsapfel umfasst. Auch hier darf der Löwe nicht fehlen. Die Inschrift preist ihn als frommen Wohltäter des Klosters, dessen Dankbarkeit ihm dieses Denkmal gesetzt hat. Die Tatsache, dass der Kaiser viele Jahre seines Lebens im Kirchenbann zubringen musste, hat in Bayern und nachgerade in Fürstenfeld niemanden interessiert.

LVDoVICo IMperatorI
pIo nobIs BenefaCtorI

HanC
graILVDo FIIrItenfeLDenD
ICaVIt.

NACHFOLGE
DER WEG DES GLAUBENS

Das gesamte Langhaus der Klosterkirche Fürstenfeld ist ein Weg des Glaubens, der in die Herrlichkeit des Himmels führen will. Bei der feierlichen Kirchweihe am 16. Juli 1741 durch Kardinal Johann Theodor von Bayern, Fürstbischof von Freising, hielt der Jesuit Joseph Mayer die Festpredigt. *Majestas domini implevit domum!* ist die Quintessenz seiner Gedanken: Die Herrlichkeit des Herrn erfüllte das Haus! Doch das ist keine Vergangenheitsform, die sich auf den Tag der Kirchweihe beschränkt hätte. Gemeint ist das in Besitz Nehmen und Bleiben, das Erfüllen und Anfüllen mit Seiner Gegenwart, die nicht mehr zurückgenommen wird. Die Kirche ist in all ihrer Pracht ein Stück Herrlichkeit des Himmels auf Erden – schon damals, als bis auf den Stuck und die Fresken, die Orgel, das Chorgestühl, den Sebastiansaltar und einen wohl nur provisorischen Hochaltar noch sämtliche Ausstattungsgegenstände fehlten. Sie ist es aber auch deshalb, weil sie den Weg in diese Herrlichkeit zeigt und den Menschen dabei in die Gemeinschaft der Glaubenden, in die Kirche aus lebendigen Steinen hineinstellt.

An diesem Weg des Glaubens stehen die Apostel, die Heiligen der einzelnen Altäre, die biblischen Gestalten, die in den Figurengruppen auf den Beichtstühlen in der Begegnung mit Christus ihr Leben verändert sahen, zu ihm gehören die weltlichen Herrscher am Übergang zum Chor ebenso wie die Katakombenmärtyrer in ihren gläsernen Sarkophagen auf den beiden ersten Seitenaltären. Und Teil dieses Weges ist jeder Besucher der Kirche – in Vergangenheit, Gegenwart und Zukunft. Er findet seinen Platz in den schweren, eichenen Kirchenstühlen, die in vier Blöcken aufgestellt sind. Auf der Frauenseite im Norden sind die Ablagen mit Brandflecken durchsetzt – Relikte aus den Zeiten der so genannten Wachsstöcke, die vor allem von den Frauen mitgebracht wurden.

In was für einem majestättischem Pracht stehet nit da diese Fürstenfeldische Kirch, an welcher schon über 25 Jahr die kunstreicheste Händ gearbeitet haben! Was für auserlesene, und fast nirgends gesehene Stockador-Arbeit zeigt sich an allen Wänden und Gemäur-Wercken! Was kostbare Gemähl haben nicht unsere Augen zu bewundern! Wie reich ist nicht das mehreste an denen abhangenden Zierlichkeiten mit dem feinesten Gold bedecket! Was für eine erstaunliche Höhe, Länge, und Breite findet sich nit in diesem prächtigen Tempel! Führwahr, Majestas Domini implevit domum."

Aus der Predigt zur Kirchweihe 1741

Vorherige Seite:
Blick aus der „Vierung" – Gesamtansicht der Decke

Gesamtansicht der südlichen Kapellenreihe im Langhaus ▶

Die Apostelfiguren zwischen den hoch aufragenden Säulen des Langhauses haben ihren Platz in Verbindung mit den tragenden Teilen des Baus, den Wandpfeilern, auf denen das Tonnengewölbe ruht. Sie sind das Fundament, auf dem die Kirche als Gemeinschaft der Glaubenden erbaut ist. Damit sind sie im übertragenen Sinn die tragenden Pfeiler eben dieser Kirche. Sie gehören zu den spätesten Ausstattungsstücken der Kirche, 1763 hat ihr Schöpfer, der Raistinger Thomas Schaidhauf (1735–1807) eine letzte Zahlung für sein Werk erhalten. Der Künstler hatte durch Abt Martin II. Hazi (1761–1779) seinen ersten großen Auftrag außerhalb seiner engeren Heimat erhalten. Die monumentalen Figuren sind aus Stuck gearbeitet, im Gegensatz zu den Aufsätzen auf den Beichtstühlen, der Figuralplastik der Altäre und der beiden Wittelsbacher Herrscher.

Die Zahl Zwölf ergibt sich mit dem Apostel Paulus, der als Völkerapostel auf der Kanzel steht und auf Geheiß des Abtes an die Stelle des hl. Bernhard trat. Sein Gegenstück ist der hl. Petrus, über dessen Kopf der Hahn daran erinnert, dass er Christus dreimal verleugnet hat, dessen Hände jedoch nach der Tiara greifen, die ein Engel zu seinen Füßen zusammen mit den Schlüsseln herbeibringt: Wer will schon gerne an die dunklen Seiten seines Lebens erinnert werden? Der Barock kennt auch durchaus ironische Seitenhiebe.

> *Paulus, Knecht Christi,*
> *berufen zum Apostel,*
> *auserwählt, das Evangelium Gottes*
> *zu verkünden,*
> *das er durch seine Propheten*
> *im voraus verheißen hat*
> *in den heiligen Schriften ...*
>
> Röm 1,1–2

Je drei Apostel – mit dem hl. Paulus – finden sich an der dem Langhaus zugewandten Nord- und Südseite der Pfeiler, je drei stehen im Norden und Süden in den Seitenkapellen gegenüber den Altären. Im Norden sind dies nach vorne verlaufend wohl: Simon, Bartholomäus, Andreas, Philippus, Paulus und Jakobus der Ältere, im Süden Judas Thaddäus, Matthäus, Thomas, Jakobus der Jüngere, Petrus und Johannes.

Jeder trägt sein Attribut in Händen. Bei Petrus oder Andreas sind diese mit Hahn, Schlüssel und Tiara bzw. Andreaskreuz eindeutig zuzuordnen, bei anderen ist es nicht ganz so eindeutig. Immer wieder kommen liebevolle Details ins Spiel, wie etwa beim Apostel Simon. Der Engel zu seinen Füßen hat ein Band um den Kopf, in dem eine Feder steckt, und er liest eifrig in der auf seinen übereinander geschlagenen Beinen liegenden Heiligen Schrift. Es scheint, als würde er sich wie im Spiel mit den grundlegenden Wahrheiten seines Lebens beschäftigen. Und warum auch nicht? Der Frohen Botschaft entspricht eine gelöste Haltung doch viel besser als ein verkrampftes Konzentrieren. Sie engt nicht ein – sie macht frei. Die überall herumfliegenden und herumtollenden Engel bringen diese Lebensfreude zum Klingen, obwohl auch ihnen ernste, feierliche und traurige Augenblicke nicht fremd sind.

Dann rief er
seine zwölf Jünger zu sich
und gab ihnen die Vollmacht,
die unreinen Geister auszutreiben
und alle Krankheiten
und Leiden zu heilen.
Die Namen der zwölf Apostel sind:
Als erster Simon, genannt Petrus,
und sein Bruder Andreas,
dann Jakobus,
der Sohn des Zebedäus,
und sein Bruder Johannes,
Philippus und Bartholomäus,
Thomas und Matthäus, der Zöllner,
Jakobus, der Sohn des Alphäus,
und Thaddäus,
Simon Kananäus und Judas Iskariot,
der ihn später verraten hat.

Mt 10,1–4

Engel am Benediktsaltar

◀ Engel zu Füßen des Apostels Simon
(Langhaus-Nordseite)

Fürstenfeld besitzt insgesamt zwölf Altäre – die auf der göttlichen Drei- und der geschöpflichen Vierzahl aufbauende Symbolik liegt der gesamten Ausstattung zugrunde: z.B. gibt es zwölf Beichtstühle, vier Chorbogenstufen und drei Stufen zum Hochaltar hinauf, 14 Fassadensäulen, sieben Portale, 16 Pfeifenfelder am Orgelgehäuse, neun Joche, neun Hauptfresken usw. Die Kirche erweist sich als ein Gebilde von mathematischer Zahlenordnung. Sie hat „System".

Die Heiligen der einzelnen Altäre waren zum Teil bereits in der gotischen Kirche vertreten, so war dem Patrozinium der Kirche entsprechend der Hochaltar immer schon der Gottesmutter geweiht. Es gab einen Sebastians- und einen Peter-und-Paul-Altar und einen Benedikts- und Bernhardsaltar. Sie finden sich auch in der barocken Kirche. Der Kreuzaltar nimmt das gotische Lettnerkreuz auf, die den Eltern Jesu geweihten Altäre in der Vorhalle ergeben sich aus der Aufstellung der Sandsteinmadonna und dem ihr entsprechenden Pendant. Neu sind lediglich das zweite und fünfte Paar. Unmittelbar nach dem Gitter, ebenfalls in Blickrichtung zum Langhaus hin aufgestellt, sind der Altar des hl. Florian und der des hl. Johannes Nepomuk. Letzterer war 1729 heilig gesprochen worden und wurde gerade in den nachfolgenden Jahrzehnten in Böhmen, Österreich und Bayern zum viel verehrten Brückenheiligen. Als Wahrer des Beichtgeheimnisses steht auch er in Beziehung zu Buße und Umkehr und damit zur Sühnethematik der Fürstenfelder Kirche. Johannes Nepomuk als „Wasserheiliger" erfordert geradezu zwangsläufig ein „feuriges" Gegenstück, den hl. Florian, der bei Brandgefahr um Hilfe angerufen wird. Beide Altäre wurden von Tassilo Zöpf (1723-1807) erbaut; von ihm stammen auch der Kreuzaltar in der Mitte, die Oratorien im Chorraum und die Stuckaturen über den vier unteren Fenstern im Chorschluss, um diese dem neuen Hochaltar anzupassen. Die Altarbilder gelten als Werke von Johann Nepomuk Schöpf (um 1735–nach 1794), ebenso wie das Hochaltarbild, die vier Kirchenväter und die Gemälde der beiden östlichsten Seitenaltäre; für den hl. Florian gibt es die These der Mitwirkung von Thomas Christian Wink (1738-1797).

Die beiden vordersten Altäre unterstreichen ein weiteres Mal die Marienverehrung der Zisterzienser. Sie sind der Familie der Gottesmutter (im Norden) und der Familie Jesu (im Süden) gewidmet, eingerahmt von Holzstatuen des hl. Papstes Silvester und des hl. Nikolaus bzw. der hl. Barbara und der hl. Ursula von Franz Xaver Schmädl (1705-1777). Der Erbauer ist unbekannt, spätestens 1754 dürften sie jedoch vollendet gewesen sein, da in diesem Jahr die Reliquienschreine der römischen Märtyrer Hyacinthus (seit 1672 in Fürstenfeld) und Clemens (ein Geschenk Papst Benedikts XIV.) aufgestellt wurden. Beide haben neben dem Hinweis auf die Verbindung zu Rom und zum Nachfolger des Apostels Petrus auch die Funktion des Memento mori. Wer sich in Fürstenfeld aufhält, soll über all der Pracht und Herrlichkeit nicht vergessen, dass er noch nicht im endgültigen Himmel ist, sondern noch einiges dazu tun muss, um einmal dorthin zu gelangen.

*Euch aber lasse der Herr wachsen
und reich werden
in der Liebe zueinander und zu allen,
wie auch wir euch lieben,
damit euer Herz gefestigt wird
und ihr ohne Tadel seid,
geheiligt vor Gott, unserem Vater,
wenn Jesus, unser Herr,
mit allen seinen Heiligen kommt.*

1 Thess 3,11-13

Säulenengel aus dem Sebastiansaltar (Amor divinus) mit den Marterwerkzeugen des Heiligen

Die schönsten Seitenaltäre sind zweifellos die beiden mittleren, die Egid Quirin Asam (1682–1750) 1737 und 1746 geschaffen hat. Es sind typische Asam-Altäre. Gefertigt aus Stuckmarmor, versehen mit gedrehten Säulen, um die sich reiche Goldgirlanden winden, im Auszug ein nach oben offener Baldachin, in dem Engel den Altarheiligen die Krone des Martyriums entgegenhalten und damit den Blick in den Himmel öffnen. Unter Abt Konstantin Haut (1734–1745) konnte durch eine großzügige Spende von über 1000 Gulden und dank der Stiftung eines um 1704 gemalten Sebastiansbildes von Johann Andreas Wolff (1652–1716) durch den Hofkammerrat und Bankier Johann Baptist von Ruffini zunächst der nördliche der beiden Altäre entstehen. Dazu musste das Gemälde Wolffs durch Anstückelungen nach oben und unten eingepasst werden. Der hl. Sebastian präsentiert sich im Aufbau des Altares auch durch seine Attribute. Der Engel rechts an der Säule schießt als Amor divinus seinen Pfeil vom Bogen, als Hinweis auf das Martyrium des Heiligen, aber auch als Zeichen für das durch die Liebe zu Christus in Brand gesetzte Herz, das sogar den Tod für den Geliebten auf sich nimmt.

Neun Jahre später, 1746, entstand das Gegenstück im Süden und wurde den Apostelfürsten Petrus und Paulus geweiht. Das Altarbild von Ignaz Baldauf (1705–1795) mit dem Abschied der Apostel zeigt im Hintergrund die Todesart, die beide erwartet: bei Petrus die Kreuzigung, bei Paulus die Enthauptung. Kreuz und Schwert erscheinen gegengleich im Auszug des Altares, ebenso an den Säulen rechts und links des Altarbildes Engel mit den Schlüsseln für die Schlüsselgewalt des Petrus und der Heiligen Schrift für Paulus als den Völkerapostel. Der Engel mit den Schlüsseln scheint dabei um den Altar herumzufliegen und zwei Säulen weiter zu Füßen der großen Apostelfigur des Petrus erneut ins Bild zu kommen – so verbinden sich Details, die zu unterschiedlichen Zeiten entstanden, zu einer Einheit.

Die Predellenbilder der beiden Altäre, das Herz Jesu und Johannes der Täufer, werden ebenfalls Ignaz Baldauf (1705–1795) zugeschrieben.

Säulenengel aus dem Peter-und-Paul-Altar mit den beiden Schlüsseln als Attributen des hl. Petrus

Auszug vom Sebastiansaltar

Was kann uns scheiden von der Liebe Christi?
Bedrängnis oder Not oder Verfolgung, Hunger oder Kälte, Gefahr oder Schwert? (...)
Denn ich bin gewiss: Weder Tod noch Leben, weder Engel noch Mächte,
weder Gegenwärtiges noch Zukünftiges, weder Gewalten der Höhe oder Tiefe
noch irgendeine Kreatur können uns scheiden von der Liebe Gottes,
die in Christus Jesus ist, unserem Herrn.

Röm 8,35.38–39

tenhieb auf die Besatzungsmacht der Österreicher während des österreichischen Erbfolgekrieges, die im Geldeintreiben den Zöllnern zur Zeit Jesu in Palästina in nichts nachgestanden war; Mt 9,9–13, Mk 2,13–17, Lk 5,27–32) – Jesus und die Ehebrecherin (Joh 7,53–8,11) – Jesus und die verkrümmte Frau (Lk 13,10–17) – Jesus und die Frau am Jakobsbrunnen (Joh 4,1–6) – Jesus und der Mann mit der verdorrten Hand (Mt 12,9–14, Mk 3,1–6, Lk 6,6–11) – Der Gute Hirte (Mt 18,12–14, Lk 15,4–7, Joh 10,11–21) – Jesus überträgt Petrus die Schlüsselgewalt (Mt 16,13–20, Mk 8,27–30, Lk 9,18–22) – Jesus und der Zöllner Zachäus (Lk 19,1–10) – Jesus und der Hauptmann von Kapharnaum (Mt 8,5–13, Lk 7,1–10, Joh 4,46–54) – Die Heimkehr des verlorenen Sohnes (Lk 15,11–32).

In der Geschichte vom Zöllner Zachäus (Lk 19,1–10) verbindet sich das Motiv der Reue und Umkehr in besonderer Weise mit der sich daraus ergebenden Beziehung zu Jesus, wenn dieser dem Zachäus zusagt: „Heute ist diesem Haus das Heil geschenkt worden … Denn der Menschensohn ist gekommen, um zu suchen und zu retten was verloren ist." Wer durch die Begegnung mit Jesus verändert wird, wer einen anderen, neuen Weg geht, bei dem kehrt Jesus ein, erfüllt

Auf die Buß- und Sühnethematik weisen in seltener Ausführlichkeiten die Figurengruppen auf den zwölf Rokoko-Beichtstühlen hin (von vorne links nach vorne rechts): Nathan ruft David zur Buße (die einzige Szene aus dem Alten Testament; 2 Sam 11,12) – Die große Sünderin salbt Jesus die Füße (unter der Kanzel; Mt 26,6–13, Mk 14,3–9; Lk 7,36–50; Joh 12,1–8) – Jesus und der Zöllner Matthäus, der spätere Jünger und Evangelist (hinter seinem Rücken ein Tisch mit Münzen und Geldscheinen und darüber der österreichisch-ungarische Doppeladler als Sei-

Weinender Engel vor der Beichte

sein Haus und sein Leben und macht ihn heil. Damit bin ich als Person ebenso gemeint wie mein Zuhause, mein ganz konkretes alltägliches Leben.

Die Samariterin am Jakobsbrunnen (Joh 4,1–26) wird darüber belehrt, dass das Wasser aus ihrem Brunnen immer wieder durstig werden lässt: „Wer aber von dem Wasser trinkt, das ich ihm geben werde, wird niemals mehr Durst haben; vielmehr wird das Wasser, das ich ihm gebe, in ihm zur sprudelnden Quelle werden, deren Wasser ewiges Leben schenkt." Es geht nicht mehr um den leiblichen Durst, der immer wieder von neuem kommt und gestillt werden muss und kann, es geht um den Durst nach einem sich verschenkenden, unvergänglichen und vollendeten Leben, nach dem, was bleibt – und den kann allein eine lebendige Beziehung zu Christus stillen, in der ich mich immer wieder von neuem bekehren muss, bis Er mein Leben in seine Hände nimmt und alles heil macht.

Es geht damit in der Bußthematik der Klosterkirche Fürstenfeld nicht um das Drohen mit der ewigen Verdammnis, sondern um die beständige Einladung zur Umkehr, damit einem die Verheißung dessen, was in der Kirche so leuchtend vor Augen steht, nicht verloren geht.

Lachender Engel nach der Beichte

*Kehrt um
und glaubt an das Evangelium!*

Mk 1,15
Worte bei der Aschenauflegung

VERHEISSUNG

Raum und Inhalt der Klosterkirche verbinden sich am eindrucksvollsten bei der Feier des Gottesdienstes. Hier wird eine Wesensart des Rokoko besonders deutlich – der stete Übergang von Realität zu Bild und von Bild zu Realität. Die Wirklichkeit der menschlichen Gegenwart und der gottesdienstlichen Feier wird zum Bild, zur Ikone der Gegenwart Gottes, das Bildprogramm der Kirche wird zur Wirklichkeit des Reiches Gottes, das sich auf seine Vollendung zu bewegt. Dabei wird alles entrückt und erhöht, hinaufgezogen in den Himmel wie die Gottesmutter im Hochaltarbild. Diese Wirklichkeit erschließt sich jedoch letztlich nur dem in ihrer ganzen Fülle, der sich selbst verwandeln lässt und die Inhalte des Raumes in seinem Leben zu verwirklichen sucht.

Die Mitte dieses Raumes aber ist und bleibt das Kreuz, das mit seinen beiden Balken die beiden Richtungen umfasst, um die es letztlich geht: die Verbindung von unten nach oben bzw. von oben nach unten, die sich zeichenhaft immer wieder von neuem vor allem in der Feier der Eucharistie vollzieht, und die Richtung des Querbalkens, die die eigene ist, wenn man die Kirche betritt.

Wer durch die niedrige Vorhalle hereinkommt, lässt die Welt hinter sich. Unmittelbar hinter dem Gitter eröffnet sich ein Kirchenraum, der durch die nach vorne zunehmende Breite der Tonnengewölbe und die damit verbundene Vergrößerung der Seitenkapellen eine optische Weite erhält, die Blick und Schritt von selbst nach vorne lenkt. Das Abgehen, eigentlich das Abschreiten des Langhauses, wird im übertragenen Sinn zum eigenen Lebensweg, zum Weg durch die Geschichte der Kirche, vorbei an den Aposteln, Heiligen und all den anderen Gestalten, eingeschlossen die beiden Katakombenmärtyrer und die beiden Wittelsbacher, und ist damit Teil der Heilsgeschichte, die sich in den fünf großen Fresken bis über den Kreuzaltar entfaltet. Wer schließlich dort angekommen ist und nach oben blickt, tritt an die Stelle des hl. Bernhard, dem sich Christus vom Kreuz herab zuneigt. Und wer weitergehen würde, hinauf in den Chor – doch das ist bereits Verheißung und noch nicht Wirklichkeit – bis unter den Hochaltar, dem würde von oben wieder Christus entgegenkommen, doch diesmal nicht mehr als der Gekreuzigte, sondern als der Auferstandene. Über das Kreuz hinein in die Herrlichkeit des Himmels – das ist die große Verheißung der Fürstenfelder Klosterkirche und das macht sie zu einem Stück Himmel auf Erden, wie man ihn sich schöner nicht erträumen kann.

In der Mitte der Kirche steht das Kreuz. Wer diesen Anblick nicht scheut, wer sich auch seinem eigenen Kreuz und den vielen Kreuzen in der Welt aussetzt – Tag für Tag, der schaut von der Mitte nach vorne auf den Hochaltar. Er bekommt einen Ausblick in eine Zukunft, die alles andere als dunkel ist, eine Zukunft, die hineinführt in die Herrlichkeit Gottes – und diese Herrlichkeit ist nichts anderes als ein erfülltes, heil gemachtes und vollendetes Leben:

Ihr aber seid ein auserwähltes Geschlecht,
eine königliche Priesterschaft,
ein heiliger Stamm, ein Volk,
das sein besonderes Eigentum wurde,
damit ihr die großen Taten dessen
verkündet,
der euch aus der Finsternis
in sein wunderbares Licht gerufen hat.
(1 Petrus 2,9)

LITERATURAUSWAHL

ALTMANN, Lothar, Die Ausstattungskünstler der bestehenden Barockanlage von Fürstenfeld (1690-1803), in: In Tal und Einsamkeit. 725 Jahre Kloster Fürstenfeld. Die Zisterzienser im alten Bayern, hrsg. v. Angelika Ehrmann, Peter Pfister u. Klaus Wollenberg, 2 Bde., Bd. I = Katalog, Bd. II = Aufsätze, München 1988. Bd. III = Kolloquium, hrsg. v. Klaus Wollenberg, Fürstenfeldbruck 1990 (= TE), hier: Bd. II, S. 211-246.

DERS., Zwei Inchenhofener Künstler: Friedrich Schwerdtfiehrer und Ignaz Baldauf, in: Wilhelm Liebhart (Hrsg.), Inchenhofen. Wallfahrt, Zisterzienser und Markt, Sigmaringen 1992 (= Inchenhofen), S. 441-455.

AUMILLER, August, Kirche und Kloster Fürstenfeld. Zur Jahrhundertfeier der Erhebung der ehemaligen Klosterkirche zur Königlichen Hofkirche 13.-15. August 1916, München 1916.

DERS., Kirche und Kloster Fürstenfeld, Fürstenfeldbruck 1930 (2. Auflage von 1916 mit einigen aktuellen Ergänzungen).

BAUER, Hermann und Anna (Hrsg.), Klöster in Bayern. Eine Kunst- und Kulturgeschichte der Klöster in Oberbayern, Niederbayern und der Oberpfalz, München 1985.

BÖHNE, Clemens, Der heilige Hyazinth in der Fürstenfelder Klosterkirche, in: Amperland, Heimatkundliche Vierteljahresschrift für die Kreise Dachau, Freising und Fürstenfeldbruck, Dachau 1965 ff. (= Amperland), hier: Amperland 2 (1966), S. 36/37.

DERS., Das Grabmal Herzog Ludwigs des Strengen in der Fürstenfelder Klosterkirche, in: Amperland 2 (1966), S. 41-43.

DERS., Die Legendenbildung um den Tod Marias von Brabant, in: Amperland 5 (1969), S. 53-55.

DERS., Das frühgotische Kloster in Fürstenfeld, in: Amperland 10 (1974), S. 427-432.

DERS., Das Grabmal Ludwigs des Strengen in der Fürstenfelder Klosterkirche, in: Amperland 10 (1974), S. 456-458.

DERS., Die gotische Madonnenstatue von Fürstenfeld, in: Amperland 12 (1976), S. 148-150.

DERS., Das Kloster Fürstenfeld in spätgotischer Zeit, in: Amperland 13 (1977), S. 269-273.

BREIT, Stefan, Frühe Neuzeit, in: Der Landkreis Fürstenfeldbruck. Natur - Geschichte - Kunst, hrsg. v. Hejo Busley, Toni Drexler, Carl A. Hoffmann, Paul-E. Salzmann u. Klaus Wollenberg, Fürstenfeldbruck 1992 (= Lkr.buch), S. 142-165.

DEISBÖCK, Joseph, Das Kloster Fürstenfeld, historisch, statistisch und topographisch beschrieben, in: Gallerie der vorzüglichsten Klöster Deutschlands, historisch, statistisch und topographisch von Vielen beschrieben, hrsg. v. Heinrich Joachim Jaeck, Bd. 1, Abt. 1, Nürnberg 1831.

DINKELACKER, Susanne, Die barocke Klosteranlage und Kirche in Fürstenfeld, in: TE II, S. 191-210.

EHRMANN, Angelika, Das gotische Kloster Fürstenfeld, in: TE II, S. 164-190.

ELM, Kaspar u. a. (Hrsg.), Die Zisterzienser. Ordensleben zwischen Ideal und Wirklichkeit, Köln 1981.

FRIED, Pankraz, Mittelalter, in: Lkr.buch, S. 130-140.

FÜHRER, Gerard, Chronicon Fürstenfeldense: Von Entstehung dieses Klosters an, bis zu seiner Auflößung im Jahre 1802, Bayerische Staatsbibliothek München, Cgm 3920.

FUGGER, Eberhard von, Kloster Fürstenfeld, eine Wittelsbacher Stiftung und deren Schicksale von 1258-1803, München ²1884.

GREIPL, Egon Johannes, Jahre der Krise: Fürstenfeld im Zeitalter der Glaubenskämpfe (1500-1650), in TE II, S. 91-107.

GROß, Jakob, Chronik von Fürstenfeldbruck, Fürstenfeldbruck 1877.

HEYDENREUTER, Reinhard, Der Markt Bruck und sein Verhältnis zum Kloster Fürstenfeld, in: TE II, S. 319-334.

HOPPE, Bernhard M., Abt Martin Dallmayr und seine Zeit, in: TE II, S. 109-124.

KLEMENZ, Birgitta, Die Verehrung des Hl. Leonhard im Zisterzienserkloster Fürstenfeld und in Bruck, in: dies. (Hrsg.), St. Leonhard zu Ehren. 550 Jahre Leonhardikirche in Bruck, Fürstenfeldbruck 1990, S. 25-38.

DIES., Die Zisterzienserniederlassung (Superiorat) St. Leonhard, in: Inchenhofen, S. 107-125.

DIES., Zur Geschichte des Taufsteins der Pfarrei St. Magdalena in Fürstenfeldbruck, in: Amperland 28 (1992), S. 383-388.

DIES., Die Brucker Rosenkranzbruderschaft, in: dies. (Hrsg.), St. Magdalena in Fürstenfeldbruck. Festschrift zum Abschluß der Renovierung der Pfarrkirche St. Magdalena in Fürstenfeldbruck, Fürstenfeldbruck 1993, S. 39-46.

DIES., Das Zisterzienserkloster Fürstenfeld zur Zeit von Abt Martin Dallmayr 1640-1690, Weißenhorn 1997.

KRAUSEN, Edgar, Die Klöster des Zisterzienserordens in Bayern, München 1953.

DERS., Thal bei Höhenrain. Zisterze - Wallfahrt - Klosterhofmark, in: Der Mangfallgau 3 (1958/59), S. 42-50.

DERS., Die Verehrung römischer Katakombenheiliger in Altbayern im Zeitalter des Barock, in: Jahrbuch für bayerische Volkskunde (1966/67), S. 37-47.

DERS., Das Provinzkapitel der oberdeutschen Zisterzienser in Kloster Fürstenfeld im Jahre 1595, in: Amperland 20 (1984), S. 550/1.

DERS., Französische Zisterzienseräbte als Visitatoren in Kloster Fürstenfeld, in: Amperland 23 (1987), S. 437-440.

DERS., Der Zisterzienserorden in Bayern, in: TE II, S. 23-42.

DERS., PFISTER, Peter, BACHMAIR, Thomas und SCHNELL, Hugo, Ehemalige Zisterzienserabteikirche Fürstenfeld, Schnell & Steiner Kunstführer Nr. 6, Regensburg 2004, 13. Auflage.

LAMPL, Lorenz (Hrsg.), Die Klosterkirche Fürstenfeld, ein Juwel des bayerischen Barock, München 1985.

LEHNER, Wolfgang, Die Zisterzienserabtei Fürstenfeld in der Reformationszeit 1496-1623, Weißenhorn 2001.

LIEBHART, Wilhelm, Fürstenfeld im Zeitalter des Barock, in: TE II, S. 125-139.

LINDNER, Pirmin, Beiträge zur Geschichte der Abtei Fürstenfeld, in: Cistercienser-Chronik, hrsg. v. den Cisterciensern in der Mehrerau, Bregenz, 1889 ff., hier 17 (1905).

LOBENDANZ, Gabriel, Die Statuten des Salemer Provinzkapitels 1624 und seine Vorgeschichte, in: Analecta Cisterciensia, hrsg. v. der Curia Generalis Sacri Ordinis Cisterciensis in Rom, 1945 ff. (= AC), hier 34 (1978), S. 148-173.

DERS., Die Entstehung der Oberdeutschen Zisterzienserkongregation (1593-1625), in: AC 37 (1981), S. 66-342.

MACHILEK, Franz, Der Niederkirchenbesitz des Zisterzienserklosters Fürstenfeld, in: Amperland 6 (1970), S. 21-25 u. S. 80-85 u. S. 111-116 und Amperland 7 (1971), S. 133-136 u. S. 163-166 u. S. 183-189.

DERS., Der Niederkirchenbesitz des Zisterzienserklosters Fürstenfeld, in: TE II, S. 363-434.

MOHR, Klaus, Die Musikgeschichte des Klosters Fürstenfeld, in: Schriftenreihe der Hochschule für Musik in München, Bd. 8: Musik in bayerischen Klöstern II, Regensburg 1987.

DERS., Das Musikleben im Kloster Fürstenfeld, in: TE II, S. 343-353.

MUNDORFF, Angelika und WEDL-BRUOGNOLO, Renate (Hrsg.), Kaiser Ludwig der Bayer 1282-1347, Fürstenfeldbruck 1997.

MUNDORFF, Angelika und VON SECKENDORFF, Eva (Hrsg.), Inszenierte Pracht. Barocke Kunst im Fürstenfelder Land, Regensburg 2000.

NEHLSEN, Hermann und WOLLENBERG, Klaus (Hrsg.), Zisterzienser zwischen Zentralisierung und Regionalisierung. 400 Jahre Fürstenfelder Reformstatuten, Frankfurt am Main 1998.

PFISTER, Peter, Die Anfänge der Pfarrei Bruck - St. Magdalena, in: Amperland 23 (1987), S. 403-410 u. S. 442-446.

DERS. (Hrsg.), St. Magdalena in Fürstenfeldbruck. 700 Jahre Patrozinium 1286-1986, Fürstenfeldbruck 1987.

DERS., Legende und Wirklichkeit. Gründung und frühe Jahre des Klosters Fürstenfeld, in: TE II, S. 69-90.

DERS., Die altbayerischen Zisterziensergründungen des 12. und 13. Jahrhunderts und ihre Beziehungen zum Haus Wittelsbach, in: TE III, S. 29-47.

DERS., Kirchengeschichte: Kloster Fürstenfeld, Katholische Pfarreien in der Neuzeit, Wallfahrten, in: Lkr.buch, S. 366-394.

DERS. (Hrsg.), Klosterführer aller Zisterzienserklöster im deutschsprachigen Raum, Straßburg 1997.

DERS. (Hrsg.), Das Zisterzienserkloster Fürstenfeld, Schnell & Steiner Großer Kunstführer Nr. 39, Regensburg 1998, 2., völlig neubearbeitete Auflage.

PRINZ, Friedrich, Kaiser Ludwig der Bayer, in: Christenleben im Wandel der Zeit, hrsg. v. Georg Schwaiger, 2 Bde., München 1987, Bd. 1, S. 80-91.

RÖCKL, Karl Adam, Beschreibung des ehemaligen Klosters Fürstenfeld, München 1840.

SCHMID, Alois, Cenobium in campo principis. Das Zisterzienserkloster Fürstenfeld und die Wittelsbacher, in: TE II, S. 259-274.

SCHMID, Hans, Inschrift und Lage der Stiftergräber zu Fürstenfeld, in: Amperland 25 (1989), S. 256-259.

SCHNEIDER, Ambrosius (Hrsg.), Die Cistercienser. Geschichte - Geist - Kunst, Köln 1986, 3. erweiterte Auflage.

SCHNEIDER, Hans Bruno, Die Fürstenfelder Reformstatuten 1595, in: AC 39 (1983), S. 63-180.

STUBENVOLL, Beda, Das Cistercienserkloster Fürstenfeld, Augsburg 1879.

SUCKALE, Robert, Die Hofkunst Kaiser Ludwigs des Bayern, München 1993.

THOMAS, Heinz, Ludwig der Bayer. Kaiser und Ketzer, Regensburg 1993.

VOLK-KNÜTTEL, Brigitte, Ehemalige Zisterzienserabtei Fürstenfeld, in: Hermann Bauer und Bernhard Rupprecht (Hrsg.), Corpus der barocken Deckenmalerei in Deutschland, Bd. 4, Freistaat Bayern, Regierungsbezirk Oberbayern, Landkreis Fürstenfeldbruck, München 1995, S. 58-133.

VOLLMER, Eva Christina, Die Stuckdekorationen in Kloster und Kirche Fürstenfeld, in: TE II, S. 247-258.

WOLLENBERG, Klaus, Die Entwicklung der Eigenwirtschaft des Zisterzienserklosters Fürstenfeld zwischen 1263 und 1632 unter besonderer Berücksichtigung des Auftretens moderner Aspekte, Frankfurt am Main 1984.

DERS., Das Kloster Fürstenfeld im Dreißigjährigen Krieg, in: Amperland 24 (1988), S. 28–32.

DERS., Aspekte der Fürstenfelder Wirtschafts- und Sozialgeschichte, in: TE II, S. 297–318.

DERS., Vita interior et exterior. Klösterlicher Binnenbereich und klösterliche Außenwelt im Zisterzienserkloster Fürstenfeld, in: Amperland 25 (1989), S. 364–370.

DERS., Zur 400sten Wiederkehr des Fürstenfelder Äbtetreffens 1595, in: Amperland 31 (1995), S. 150–154.

ZEH, Alexander, Ein Rekonstruktionsversuch des alten Klosters Fürstenfeld, in: Amperland 28 (1992), S. 287–292.

ABBILDUNGSNACHWEIS

Wolf-Christian von der Mülbe (†), Dachau: S. 73, 74, 75, 77 und 80.

Alle anderen Abbildungen: Roman von Götz, Regensburg.

TEXTNACHWEIS

Die Heilige Schrift, Einheitsübersetzung.

Gebete als religiöses Allgemeingut.

Messtexte und Stundengebet der katholischen Kirche.

Aus der 4. Predigt zur Lukasperikope zitiert nach: Bernhard von Clairvaux, herausgegeben, eingeleitet und übersetzt von Bernhardin Schellenberger, Olten 1982, S. 56; ebenso aus der Predigt zum Karmittwoch, a.a.O., S. 28/9.

Aus einer Adventspredigt des hl. Bernhard von Clairvaux nach dem Lektionar zum Stundenbuch II/1, Zweite Lesung zum Mittwoch in der 1. Adventswoche.

Carta caritatis zitiert nach Ambrosius Schneider (Hrsg.), Die Cistercienser. Geschichte – Geist – Kunst, Köln 1986, 3. erweiterte Auflage, S. 23.

Regula Benedicti zitiert nach Basilius Steidle (Hrsg.), Die Benediktus-Regel, Beuron 1978, S. 55.

„Succisa virescit" – Meditationstext von Birgitta Klemenz.